essen&leben

CURRYS

Das Kochbuch

Edition
Fackelträger

Herzlichen Dank für die Organisation der Reise durch Haase-Food Rosbach v.d.H.
und für die fachkundige Führung durch Indien an Herrn Helmut Haase.

Rezepte und Texte: Sylvia Winnewisser

Fotos: TLC Fotostudio

Coverfotos: TLC Fotostudio

Fotos der Weine: Jochen Arndt www.jochenarndt.com

Abb S. 12: Interfoto

Weinempfehlungen: Anja Schröder, Matthias Martens, Planet Wein www.planet-weinhandel.de

Gesamtherstellung: Fackelträger Verlag GmbH

Printed in China

ISBN 978-3-7716-4457-4

www.fackeltraeger-verlag.de

essen&leben

CURRYS

Das Kochbuch

Edition
Fackelträger

INHALTSVERZEICHNIS

INDIA GATE

VORWORT

In Indien lebt ein Fünftel der Weltbevölkerung in einem Vielvölkergemisch voller Gegensätze.

Hier sind Menschen unterschiedlichster Rassen, Religionen, Sprachen und Kulturen zu Hause. Auch auf anderen Gebieten ist Indien das Land der Gegensätze: Schnee im Norden, tropisches Klima mit Palmen im Süden, trockene Wüsten im Westen, fruchtbare Teeplantagen und Großstädte im Osten. Firmenhochhäuser stehen neben den Wellblechhütten der Slums, überbordender Reichtum existiert neben bitterster Armut. Dennoch ist das einstige Reich der Maharadschas ein faszinierendes Land, mit prächtigen Palästen, unzähligen Legenden, unvergleichlichen Landschaften und freundlichen Menschen, die es farbig lieben. Und natürlich einer Küche, die vielseitiger nicht sein könnte. So kennt man in jeder Region andere Zubereitungsarten mit anderen Zutaten. Das ist auch nicht verwunderlich, da die Speisepläne von dem bestimmt werden, was in der Region wächst. Gewürze sind darüber hinaus das A und O der indischen Küche und unverzichtbare Zutat eines Currys.

DIE GEWÜRZE

Herkömmliches Currypulver ist eine Würzmischung, die bis zu 40 verschiedene Gewürze enthält. In Indien wird die Mischung für ein Curry als Masala bezeichnet. Bei den Gewürzen, die in einem Curry enthalten sind, wird zwischen färbenden und Geschmack bzw. Aroma gebenden Gewürzen unterschieden. Verschiedene Gewürze werden ohne Fett geröstet und gemahlen. Dann mit Wasser, Kokosmilch oder einer anderen Flüssigkeit zu einer Würzpaste vermischt. Werden Gewürze im Ganzen verwendet, können sie in ein Gewürzsäckchen gebunden und nach dem Garen wieder entfernt werden.

Zu den wichtigsten Gewürzen der indischen Küche gehören (weitere finden Sie auch bei den Rezepten beschrieben):

Koriandersamen

Die Samen des Korianders gehören zu den ältesten Gewürzen überhaupt. Sie wachsen überall in Indien. Wie viele andere Gewürze werden Koriandersamen einem Gericht für den Geschmack beigegeben.

Noch intensiver wird das Aroma, wenn die Samen vor dem Mahlen ohne Fett in einer Pfanne geröstet werden. Indische Köchinnen und Köche mahlen ihren Koriander stets selbst frisch.

Das Pulver wird dann mindestens 5 Minuten in Öl angeschmort und entfaltet so sein Aroma, das den typischen Curry-Geschmack ausmacht. Die ganzen fruchtig schmeckenden Koriandersamen werden Reis beigegeben.

Getrocknete Chili

Neben frischen grünen Schoten gehören getrocknete Chilischoten oder Chilipulver in jedes Curry. Das Pulver bzw. die

getrockneten Chilis werden erst nach dem Anbraten der übrigen Zutaten zugegeben, damit sie ihre Schärfe voll entfalten können. Meist handelt es sich um die sehr scharfen Cayenne-Chilis. Je länger die ganzen Schoten im Essen bleiben, desto schärfer wird es.

Pfeffer

Indien ist nicht nur das Land, wo der Pfeffer wächst und in früheren Zeiten wie Gold gehandelt wurde, sondern wo er auch in keinem Curry fehlt. Sowohl schwarze wie weiße Pfefferkörner, ganz oder zerstoßen, werden der Würzmischung beigegeben.

Senfkörner

Senfkörner werden im Süden Indiens in Currys meist im Ganzen verwendet. Sie werden zuerst in Öl gebraten, bevor andere Gewürze hinzugegeben werden. Sobald die Senfkörner zu springen beginnen, kommen die nächsten Zutaten dazu. Die Senfkörner können aber auch

zerstoßen und mit etwas Wasser zu einer Paste verrührt und so für Senfsaucen zu Fisch verwendet werden.

Schwarzer Kardamon

Man verwendet sowohl die ganzen Kardamomkapseln, die man nach dem Ga-

ren entfernt, als auch die Samen (hier abgebildet), die gemahlen werden. Das Aroma ist sehr kräftig, daher reichen kleine Mengen.

Grüner Kardamom

Die Kapseln des grünen Kardamom sind sehr viel kleiner als die des schwarzen,

dafür ist ihr Aroma noch würziger und intensiver. Ursache ist das ätherische Öl, das jedoch nur in frischen Samen vorhanden ist.

Safran

Die Blütennarben der Krokusart gehören zu den färbenden Gewürzen einer indischen Speise. Da er sehr teuer ist, wird Safran nur in geringen Mengen zugege-

ben, was jedoch für die leuchtende gelbe Färbung ausreichend ist. Sowohl pikante wie süße Speisen oder Reis werden mit Safran verfeinert.

Muskatblüte

Die Samenhülle der Muskatnuss dient wie die Nuss selbst ebenfalls als Gewürz. Sie wird getrocknet und gemahlen. Über fertige Lamm- oder Gemüsecurrys und Pilaws gestreut, verleiht sie dem Gericht ein wunderbar exotisches Aroma.

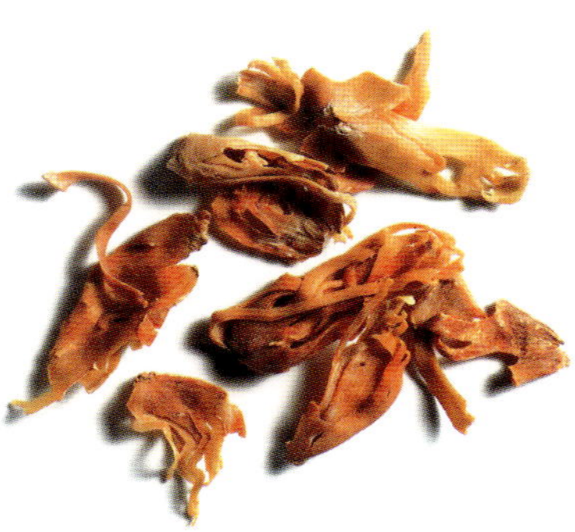

Schwarzkümmelsamen

Sein Name täuscht. Er hat nichts mit Kümmel zu tun, auch mit der Zwiebel nicht, dennoch wird der Schwarzkümmel auch als Zwiebelsamen bezeichnet. Die

schwarzen kleinen Samen kommen im Geschmack Oregano gleich. Sie werden auf Brote gestreut oder für Pickles verwendet.

Fenchelsamen

Die würzigen, verdauungsfördernd wirkenden Samen werden nicht wie andere Gewürze angebraten, um ihren Ge-

schmack zu entfalten. Das tun sie auch so. Im Ganzen oder gemahlen verfeinern sie Currys in ganz Indien.

Kreuzkümmel

Auch der Kreuzkümmel oder Cumin

dient dem Geschmack. Er wird daher ganz oder gemahlen (vorher ebenfalls ohne Fett geröstet) in der Küche verwendet, nicht nur in Indien, sondern auch in vielen anderen asiatischen Staaten. In Fett geröstet wird Kreuzkümmel als Garnierung über Reis- und Gemüsegerichte gestreut. Mit dem Kümmel hat er nur den Namen gemeinsam.

Curryblätter

Die frischen Blätter des asiatischen Currybaumes haben ein sehr frisches, leicht rauchiges Aroma. Vor allem in der südindischen Küche sind sie sehr beliebt für

Speisen ohne Sauce, wie Dal, Gemüse und Joghurtgerichte. Sie werden erst gegen Ende der Garzeit zugefügt. Getrocknete Curryblätter sind weniger aromatisch.

Pandanus

Die Essenz wird aus den männlichen Blüten der Schraubenpalme gewonnen. Sie ist sehr süß und aromatisch und wird daher zum Aromatisieren von süßen und pikanten Speisen verwendet.

Cassia

Cassia ist wie die Zimtstange ebenfalls die gerollte Rinde eines Zimtbaumes. Je-

doch ist ihre Struktur grober und ihr Aroma kräftiger als das des herkömmlichen Zimt. Cassia wird auch als „falscher Zimt" bezeichnet.

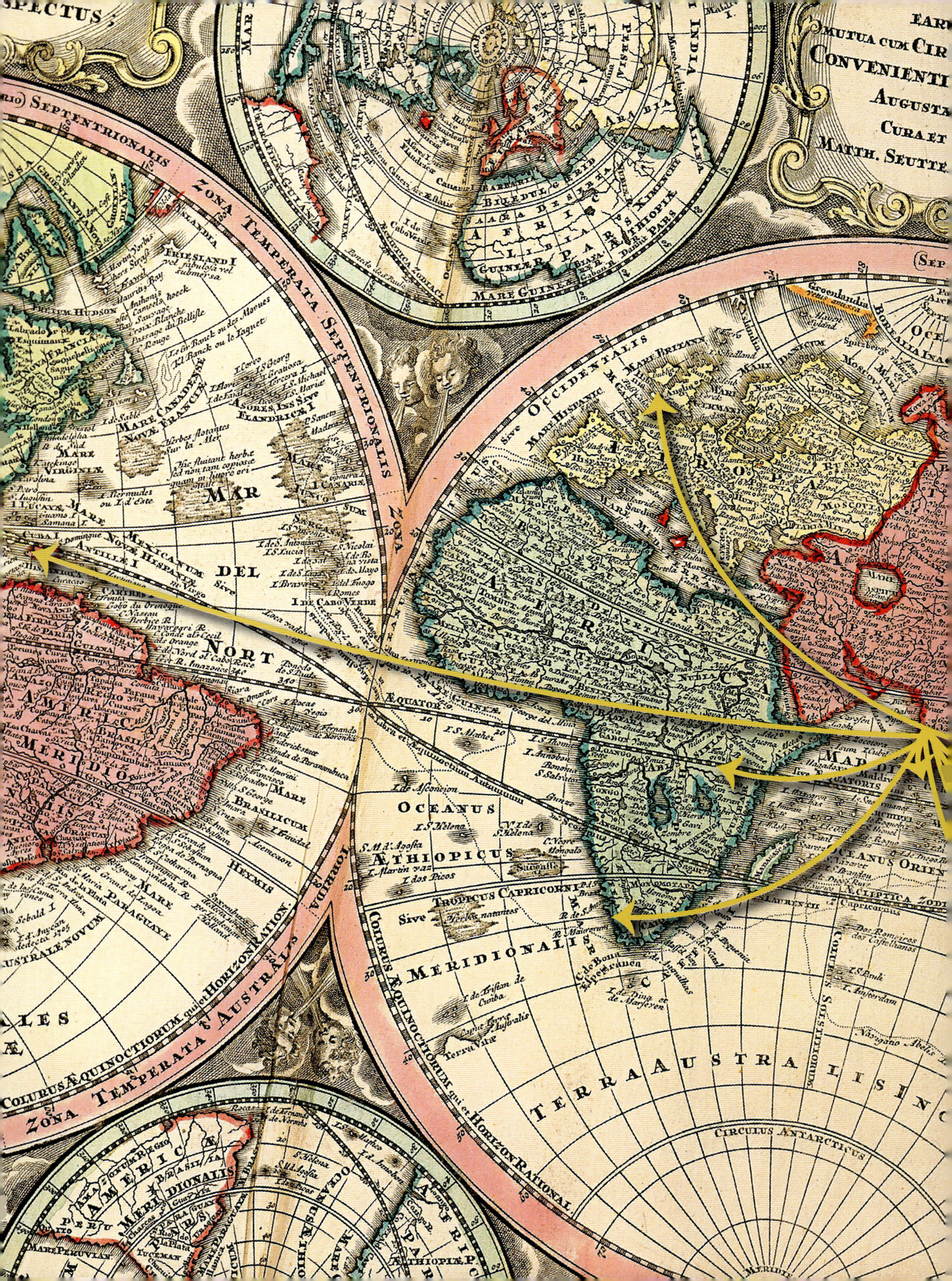

CONVENIENTI
AUGUSTA
CURA ET
MATTH. SEUTTE
ZONA TEMPERATA SEPTENTRIONALIS
ZONA TEMPERATA AUSTRALIS
MAR DEL NORT
ÆQUATOR
OCEANUS ÆTHIOPICUS
TROPICUS CAPRICORNI
MERIDIONALIS
TERRA AUSTRALIS INC
CIRCULUS ANTARCTICUS
EUROPA
AFRICA
AMERICA MERIDIONALIS
MARE GUINEÆ
COLURUS ÆQUINOCTIORUM qui et HORIZON RATIONAL

VERBREITUNG DES CURRYS

Im Laufe seiner langen Geschichte wurde Indien von mehreren Nationen beherrscht, darunter die Niederlande, Frankreich, Spanien, Portugal und zuletzt England. Mit den Kolonialherren wurden die indischen Currygerichte in der Welt verbreitet.

In Pakistan, das einst zu Indien gehörte, wird selbstverständlich noch immer indisch gekocht.

Mit den Engländern gelangten die Currys nach Malaysia und Indonesien. Südindische Hilfsarbeiter für Plantagen und Straßenbau kamen nach Malaysia und Singapur, das 1819 von einem Briten gegründet wurde. Mit ihnen die indische Küche.

Laos, Kambodscha und Vietnam standen in früheren Zeiten unter indischem Einfluss. Die französischen Kolonialherren brachten später wieder indische Arbeitskräfte mit. Übrigens haben französische und vietnamesische Gerichte mit indischen Currys interessante Verbindungen ergeben.

Thailand und Burma (heute Myanmar) unterhielten früh Handelsbeziehungen mit Indien. In beide Länder kamen die Currys wenn nicht über Einwanderer, so meist über Händler.

Am meisten sorgten jedoch die Briten für die Ausbreitung der Currys. Im Zuge ihrer Kolonialisierungen wurden indische Arbeitskräfte nach Sri Lanka, Australien, Südafrika, Kenia, Uganda und sogar bis zu den Fidji-Inseln gebracht.

In die Karibik kamen Currys über die Arbeiter auf den Zuckerrohrplantagen und Chilifeldern.

WAS IST EIN CURRY?

Unter einem Curry verstehen Inder im eigentlichen Sinn einfach „Sauce". Insofern wird alles als Curry bezeichnet, was mit oder in einer Sauce zubereitet wird, egal ob Gemüse, Fleisch, Fisch oder Geflügel. Woher das Wort stammt, ist nie ganz geklärt worden. Die einen sagen, die Engländer hätten es geprägt. Andere sind der Meinung, dass es vom tamilischen Wort *kaari* stammt, wobei das ausschließlich ein Gemüsegericht in Kokossauce bezeichnet. Andere ethnische Gruppen meinen mit *karee* ein Fleischgericht in Sauce. Man kann also festhalten, ein Curry ist ein Gemüse- oder Fleischgericht in einer Sauce, zu dem traditionell Reis oder Brot gegessen werden. Oft werden dazu noch ein Joghurtgericht (Raita) oder Hülsenfrüchte (Dal) gereicht.

In Indien selbst unterscheidet man nasse und trockene Currys. Bei den trockenen ist die Sauce fast oder ganz eingekocht. Jedes Currygericht hat eine Hauptzutat, nach der es benannt ist. Das können Fleisch, Geflügel, Fisch, Eier oder Gemüse sein.

Wie wird ein Curry zubereitet?

Für die Zubereitung eines Currys gelten bestimmte Regeln, von deren Einhaltung das Gelingen eines Currygerichts abhängt. Zum Beispiel sollten die Auswahl der Gewürze, die Menge der einzelnen Zutaten und alle Zutaten zueinander in einem ausgewogenen Verhältnis stehen (wie es die ayurvedische Philosophie empfiehlt).

Wird eine Würzmischung zubereitet, werden die einzelnen Gewürze zuerst in der Pfanne ohne Fett angeröstet, dann zerstoßen oder gemahlen und beiseite gestellt. Später werden sie zu einer Paste verarbeitet oder dem Gericht beim Braten nacheinander zugegeben.

Die erste Grundlage ist das Fett, das im Kochtopf oder der Pfanne erhitzt wird. Indische Köche verwenden geklärte Butter, Ghee, die den besten Geschmack aller Kochfette hat, aber mehr und mehr von Butterschmalz und Öl verdrängt wird. Bei den Ölen herrschen je nach Region, Erdnuss-, Sesam- oder Senföl vor. Die zweite Grundlage ist die Sauce des Currys. Bei Fleischgerichten wird sie meist aus Brühe hergestellt. Sie kann aber auch aus Wasser, in dem Fleisch, Fisch und Geflügel gegart werden, und Gewürzen bestehen. Selten wird mit Alkohol wie Wein gekocht.

Zum Binden einer Sauce werden verschiedene Zutaten eingesetzt, das Sämigmachen mit einer Mehlschwitze kennt man in Indien nicht.

Die Funktion der einzelnen Zutaten

Als Bindemittel für die Sauce fungieren verschiedene Zutaten. So können zum Beispiel sehr weich gekochte Zwiebeln eine Sauce genauso binden wie sämige Kokoscreme, Sahne, Joghurt, gemahlene Nüsse und Samen oder pürierte Linsen.

In anderer Konsistenz können solche Zutaten wieder eine ganz andere Funktion haben, nämlich dem Gericht Farbe oder Geschmack zu verleihen. Weiche Zwiebeln binden die Sauce, braun geschmorte geben dem Essen Farbe. Joghurt bindet einmal, das andere Mal sorgt er für Säure im Gericht.

Ein Currygericht hat demnach immer eine Zutat, die die Farbe bestimmt, eine die es bindet und eine, die den Geschmack bzw. das Aroma bestimmt.

Der Umgang mit den Gewürzen

Bei der Handhabung der Gewürze sollten drei Dinge beachtet werden:

- die Auswahl der Gewürze, sodass sich die einzelnen Aromen ergänzen, nicht blockieren;
- die Form, in der sie vorbereitet und verwendet werden: einige müssen unbedingt in Fett angeröstet werden, damit sie ihr ganzes Aroma entfalten, andere werden fettfrei geröstet und gemahlen;
- die Reihenfolge, in der die Gewürze dem Gericht zugegeben werden. Jedes Gewürz braucht eine gewisse Zeit, bis es unter der Hitzeeinwirkung sein volles Aroma entfaltet. Keinesfalls dürfen die Gewürze feucht werden, bevor sie angebraten werden. Das verhindert das Entstehen eines Aromas.

Beim Anbraten von Gewürzen muss ständig gerührt werden, damit sie zwar im Öl braten, aber nicht anbrennen.

Dafür muss die Hitzequelle zu Anfang sehr hoch gedreht werden, damit das Fett sehr heiß werden kann. Dazu sind die indischen Holzkohlefeuer gut geeignet. Beim Garen wird die Hitze jedoch heruntergedreht, das Feuer klein gehalten und das Curry bei geschlossenem Deckel langsam fertig gegart. Das ist wichtig, damit die Aromen nicht entweichen.

Das endgültige Aroma eines Currys wird letztendlich von zwei Faktoren bestimmt, zum einen vom Verhältnis der Gewürze zueinander, zum anderen durch das Gleichgewicht der Zutaten. Enthält ein Curry etwa sehr viel Schärfe durch Chili, wird Kokosmilch als Ausgleich beigegeben.

Die Philosophie des Ayurveda

Ayurveda kann man als die Lehre vom langen Leben bezeichnen. Sie stammt aus der hinduistischen Heilkunst und ist auch heute noch wichtiger Bestandteil des täglichen Lebens, da 80 % der Inder Hindus sind. Das Leben soll klar, geistig ausgeglichen, körperlich rein und gesund verlaufen. Um das zu erreichen, muss auf die Ernährung geachtet und sollen körperliche Übungen und Reinlichkeit praktiziert werden.

Alle Speisen werden dahingehend betrachtet, was sie im Körper bewirken. Einige wirken kühlend, wie zum Beispiel Ghee, andere erhitzen ihn, etwa Öle. Die Speisen sollen so gegart werden, dass so viele Nährstoffe wie möglich erhalten bleiben – sie sollen langsam gegart werden. Die aufeinander abgestimmten Gewürze sollen vor Krankheiten schützen.

Die Nahrung wird in sechs Geschmacksrichtungen aufgeteilt, von denen jeder Mensch eine ganz bestimmte Mischung braucht, je nach Typ:

Süß schmeckende Lebensmittel stärken das Gewebe und harmonisieren die Gedanken.

Saure Speisen (Tamarinde, Joghurt) fördern die Verdauung und wirken stärkend auf das Herz.

Salzige regen die Verdauung an und reinigen verstopfte Körperkanäle.

Schärfe fördert ebenfalls die Verdauung und regt den Stoffwechsel an.

Bittere Speisen reinigen das Blut und wirken gegen Parasiten.

Herbe Lebensmittel wie Tee oder grüne Gemüse, außerdem die Betelnuss, heilen Wunden und entwässern den Körper.

GEMÜSE-CURRYS

Gemüse und Hülsenfrüchte gehören zu jeder indischen Mahlzeit, wobei die Hülsenfrüchte noch wichtiger sind als das Gemüse.

Ein typisch indisches Alltagsgericht besteht aus Hülsenfrüchten und Reis, als Beilage werden Kartoffeln mit Gemüse serviert. Dazu gibt es Raita, Zwiebeln, Pickles und meist auch das hauchdünn gebackene Papadam aus Linsenmehl.

GEMÜSE- UND EIERCURRYS

Das Gemüse kommt täglich frisch auf den Markt. Es wird in den frühen Morgenstunden geerntet und mit Eseln, Ochsenkarren, kleinen Transportern, auf dem Rücken eines Elefanten oder mit dem Fahrrad in die Stadt gebracht.

In vielen südostasiatischen Ländern wird in den Bergregionen Gemüse angebaut. Im Land bekommt man das Gemüse, das in der entsprechenden Jahreszeit wächst. Das sind im Winter zum Beispiel Blumenkohl, Weißkohl, Auberginen, Tomaten, Erbsen, Möhren und frische Kräuter wie etwa Bockshornklee, Senfblätter und der unverzichtbare Koriander. Nicht zu vergessen die grünen und roten Chilischoten, die dem Curry die richtige Würze geben.

Gurken gibt es im Sommer und bestimmte Pilze nur in der Regenzeit.

Die unterschiedlichen Aromen der Gemüsesorten werden in einem Gemüsecurry zu wunderbaren Geschmackskompositionen zusammengefügt. Klassische Kombinationen sind Blumenkohl und Kartoffeln oder Kartoffeln und Erbsen.

Die Zubereitung von Gemüse ist je nach Region unterschiedlich. Im Süden Indiens wird das Gemüse klein geschnitten gedünstet und in einer Kokosnusssauce serviert, die mit Joghurt und Nüssen verfeinert wurde. Im Westen des Landes, im Bundesstaat Guajarat, wird Gemüse ähnlich wie in Japan nur kurz im Wok gegart und mit Senfsamen und Chili angerichtet. Dagegen kennt man im Osten Indiens, in der Gegend um Neu-Delhi, vielfach die Kombination Kartoffeln und Rote Bete, als Gewürze Kreuzkümmel und Asant. Gemüse wird außerdem als Salat zubereitet und mit Raita, einer Joghurtzubereitung vermischt. Gemüsechutneys sind eine beliebte Beigabe zu Fleischgerichten.

Auch in ärmeren Familien findet man meist zumindest eine Gemüsesorte täglich auf dem Speiseplan – auch wenn es nur Kartoffeln und Bohnen sind.

Bei der Ausbreitung der Gemüsegerichte von Indien nach Malaysia, Singapur, Australien, Südafrika und in die Karibik haben viele ihre typisch indischen Merkmale verloren, weil sie in die jeweilige Landesküche integriert wurden.

LINSENCURRY MIT KNOBLAUCH UND MINZE

LINSENCURRY MIT ZUCCHINI

LINSENCURRY MIT PAPRIKA

LINSENCURRY MIT FRISCHKÄSE

LINSENCURRY MIT GEKOCHTEN EIERN

LINSENCURRY MIT KARTOFFELN

LINSENCURRY NORDINDIEN

Für 4 Portionen
200 g rote Linsen
1 Zwiebel
2 Knoblauchzehen
2 cm Ingwerwurzel
1 El Butterschmalz
1 El Garam masala (s. S. 225)
2 getrocknete rote Chilischoten
Salz
gehackter Koriander zum Garnieren*

Zubereitungszeit: ca. 15 Minuten (plus Kochzeit)
Pro Portion ca. 162 kcal/679 kJ
12 g E · 3 g F · 21 g KH

Die Linsen gut waschen und in einem Sieb abtropfen lassen. Die Zwiebel und Knoblauchzehen schälen und fein hacken. Den Ingwer schälen und ebenfalls hacken.

Das Butterschmalz in einem Topf erhitzen und Zwiebel, Knoblauch, Ingwer, Garam masala darin anschwitzen. Die Chilischoten dazubröseln und kurz mitdünsten.

Die Linsen hinzufügen und so viel Wasser angießen, dass sie gerade bedeckt sind. Die Linsen bei geringer Temperatur weich garen. Mit Salz abschmecken. Mit gehacktem Koriander bestreuen und servieren.

* Die mit einem Sternchen versehenen Zutaten können ausgetauscht werden. Gewürze und Kräuter je nach Belieben.

CURRY MIT ROTEM MANGOLD UND JOGHURT

KERALA, SÜDINDIEN

Für 4 Portionen
1 Knoblauchzehe
2 Zwiebeln
3 grüne Chilischoten
2 cm Ingwerwurzel
2 Tomaten
2 El Sonnenblumenöl
1/2 Tl Senfkörner
1 Msp. gemahlener Bockshornkleesamen
2 El Chiliflocken
10 Curryblätter
1/2 Tl gemahlener Kurkuma
Salz
100 g frische junge rote Mangoldblätter
300 g Naturjoghurt

Zubereitungszeit: ca. 20 Minuten (plus Schmor- und Kochzeit)
Pro Portion ca. 106 kcal/442 kJ
4 g E · 8 g F 5 x g KH

Die Knoblauchzehe und Zwiebeln schälen und fein hacken. Grüne Chilischoten putzen, waschen und aufschneiden, die Kerne und weißen Innenhäute entfernen. Ingwer schälen und fein hacken. Die Tomaten waschen, den Stielansatz herausschneiden, die Tomaten würfeln.

Das Öl in einem Topf erhitzen. Senfkörner darin unter Rühren schmoren. Wenn sie platzen, Knoblauch, Bockshornklee, Chiliflocken und Curryblätter zugeben und 1 Minute mitschmoren. Zwiebeln, ganze grüne Chilischoten und Ingwer hinzufügen und schmoren, bis die Zwiebeln braun sind.

Tomaten, Kurkuma einrühren und die Mischung mit Salz abschmecken. Den Mangold waschen, abtropfen und in Streifen hacken. In den Topf geben und 5 Minuten schmoren. Topf vom Herd nehmen und langsam den Joghurt einrühren.
Das Curry wieder erwärmen und weitere 3 Minuten köcheln. Curryblätter entfernen und das Curry servieren.

KURKUMA ist in Indien als *haldi*, bei uns auch als Gelbwurz, bekannt und wird dort vor allem im Süden angebaut. Äußerlich dem Ingwer ähnelnd, entpuppt sich die Wurzel nach dem Schälen als gelb und stark färbend. Frisch wird sie Speisen fein gehackt zugegeben und verleiht ihnen eine intensive Farbe und ein würziges Aroma. Gemahlen schmeckt Kurkuma weniger stark, wirkt aber immer noch sehr färbend. Es wird auch zum Marinieren von Fisch verwendet, da es antiseptische Eigenschaften haben soll.

BOCKSHORNKLEESAMEN sind die Samen des Bockshornklees, der ein intensiv bitteres und scharfes Aroma hat. Die getrockneten Samen sind Würzzutat vieler indischer Currys.
Im Süden werden sie zuerst im heißen Öl angebraten, bevor die anderen Zutaten in die Pfanne kommen. Durch das Rösten verlieren die Samen ihren bitteren Geschmack. Geröstet und gemahlen sind sie Zutat einer Gewürzmischung, *muligapuri*, die unter anderem auch aus roten Chili besteht.

EIER-LINSEN-CURRY

MADRAS, SÜDINDIEN

Die Eier hart kochen. Die Chilischoten in heißem Wasser einweichen, bis sie weich sind. Linsen und Kichererbsen waschen, abtropfen lassen und mit 750 ml Wasser und Kurkuma aufkochen. Bei halb geschlossenem Deckel etwa 1 Stunde 20 Minuten weich garen. Salzen.

Knoblauch und Ingwer schälen und hacken. Mit den eingeweichten roten Chilis im Mixer zu einer Paste pürieren. Die Schalotten schälen und in kleine Würfel schneiden.

Das Öl in einem Topf erhitzen und die Schalottenringe darin braun und knusprig schmoren.

Die Knoblauch-Ingwer-Chili-Paste einrühren und 3 Minuten mitschmoren. Das Tomatenmark einrühren und alles dick einkochen.

Die Masse zu den Hülsenfrüchten geben, 500 ml Wasser angießen, aufkochen und alles 1 Minute köcheln.

Die abgeschreckten Eier pellen und halbieren. Mit dem Anschnitt nach oben in eine Schüssel geben. Etwas Curry-Linsen-Sauce über die Eier geben. Mit Cayennepfeffer bestreuen. Restliche Sauce dazureichen. Nach Belieben mit etwas Wasser oder Brühe verdünnen.

Für 4 Portionen

- 10 Eier
- 4 getrocknete rote Chilischoten
- 175 g rote Linsen
- 75 g Chana Dal (halbierte Kichererbsen)
- 1/2 Tl Kurkumapulver
- 1 Tl Salz
- 3 Knoblauchzehen
- 5 cm Ingwerwurzel
- 4 El Rapsöl
- 2 Schalotten
- 2 El Tomatenmark
- Cayennepfeffer

Zubereitungszeit: ca. 20 Minuten
(plus Schmor- und Kochzeit)
Pro Portion ca. 378 kcal/1581 kJ
23 g E · 19 g F · 29 g KH

TOFU-PILZ-CURRY INDIEN

Für 4 Portionen
120 ml getrennte Kokoscreme
2 1/2 El rote Currypaste (s. S. 220)
1 El Palmzucker
1 Prise Salz
2 Tl helle Sojasauce
2 1/2 El Tamarindenwasser (s. S. 41)
500 ml Kokosmilch
200 g Austernpilze
220 g Tofu
100 g Spinat
7 Kaffir-Limettenblätter
2 Kaffir-Limetten

Zubereitungszeit: ca. 30 Minuten (plus Garzeit)
Pro Portion ca. 88 kcal/366 kJ
7 g E · 3 g F · 8 g KH

Um getrennte Kokoscreme herzustellen, etwa die doppelte Menge Kokoscreme, hier etwa 250 g, (sie ist das Ausgangsprodukt, gibt es in Dosen) so lange köcheln, bis alle Flüssigkeit verkocht ist. Das entstandene Produkt ist die getrennte Kokoscreme.

Die getrennte Kokoscreme mit der Currypaste in einem Topf verrühren und köcheln, bis es duftet. Palmzucker, Salz, Sojasauce, Tamarindenwasser zugeben und die Kokosmilch angießen. Zum Kochen bringen.

Die Austernpilze putzen, feucht abreiben und klein schneiden. Den Tofu würfeln. Den Spinat putzen, waschen und in Streifen schneiden. Pilze, Tofu, Spinat und Limettenblätter hinzufügen und köcheln, bis Pilze und Spinat gar sind.

Mit Limettenhälften garniert servieren.

Die KAFFIR-LIMETTE ist eine Limettenart mit intensiv zitronigem Geschmack und wird auch als Kaffirzitrone, Kaffernzitrone oder indisches Zitronenblatt bezeichnet. Die Frucht wächst in Indonesien und wird zum Würzen von Chutneys, Dips, Currys mit Gemüse, Fleisch und Fisch verwendet. Sowohl die festen Blätter der Kaffirlimette wie ihre Schale und der Saft sind als würzende Zutat beliebt. Die Blätter werden nach dem Garen wieder entfernt.

GENTIL „HUGEL", HUGEL ET FILS, ELSASS (FRANKREICH)

Ihre lebendige, aromatische Frische verdankt diese Cuvée aus Pinot Gris, Gewürztraminer, Muskat und Sylvaner ihren Aromen von grünem Apfel, Jasmin und Frühlingsblumen.

BLANC FUMAT SAUVIGNON
EUGENIO COLLAVINI, COLLIO
(ITALIEN)

Sehr delikate Aromen von Pfirsich und Melone zeichnen diesen Wein aus. Der Blanc Fumat Sauvignon von Eugenio Collavini zeigt saftige und grasige Noten am Gaumen mit viel Eleganz und Frische.

GEMÜSECURRY MIT ZUCCHINI INDIEN

Die Zucchini putzen, waschen, achteln und in 4 cm lange und 1 cm dicke Stücke schneiden. Die Paprikaschote putzen, waschen, halbieren, Kerne und weiße Innenhäute entfernen und die Schote in dünne Streifen schneiden. Die Knoblauchzehen schälen und fein hacken.

Das Öl in einem Topf erhitzen und den Knoblauch darin anschmoren. Kreuzkümmel und Senfsaat zugeben. Wenn die Senfsaat aufspringt, das Gemüse hinzufügen und unter Rühren etwa 6 Minuten schmoren.

Den Joghurt erhitzen und unter das Gemüse rühren. Alles weitere 2 Minuten köcheln, dann Koriander und Salz zugeben und das Curry mit Cayennepfeffer pikant abschmecken. Mit Zitronenachteln garniert servieren.

Für 4 Portionen
600 g Zucchini
1 rote Paprikaschote
2 Knoblauchzehen
3 El Distelöl
1/2 Tl Kreuzkümmel
1/4 Tl Senfsaat
2 El Naturjoghurt
1 El gemahlener Koriander
Salz
Cayennepfeffer
Zitronenachtel zum Garnieren

Zubereitungszeit: ca. 30 Minuten
(plus Schmor- und Garzeit)
Pro Portion ca. 112 kcal/466 kJ
3 g E · 9 g F · 5 g KH

CURRY MIT OMELETT

NORD-KERALA, SÜDINDIEN

Kokosnuss, Kreuzkümmel, Fenchel, Koriander, zerbröselte Chili, Kurkuma und Garam masala mit 2–3 El Wasser zu einer Paste pürieren und beiseite stellen.

Für das Omelett die Schalotten schälen und hacken. Die Chili von Kernen und weißen Innenhäuten befreien, waschen und fein hacken. Mit den Eiern, Koriander, Salz und Pfeffer verrühren und in 2 El heißem Öl von beiden Seiten zu einem Omelett ausbacken. Das Omelett aus der Pfanne nehmen, halbieren und in etwa 2 cm breite Streifen schneiden. Streifen zusammenrollen und auf Küchenpapier abtropfen lassen.

Das restliche Öl in einer Pfanne erhitzen. Die Zwiebeln schälen, in dünne Ringe schneiden und darin in etwa 10 Minuten glasig schmoren. Die Gewürzpaste zugeben und 3 Minuten mitschmoren.

Die grünen Chilischoten waschen, putzen, fein hacken. Die Tomaten waschen, vom Stielansatz befreien und würfeln. Beides mit dem Tomatenmark in die Pfanne geben und alles unter Rühren 5 Minuten schmoren. Essig, 750 ml Wasser einrühren und das Curry mit Salz abschmecken. 10 Minuten köcheln.

Omelettstreifen im Curry erwärmen und mit Koriander bestreut servieren.

Für 4 Portionen
2½ El frisch geriebene Kokosnuss
1 Tl Kreuzkümmelsamen
1 Tl Fenchelsamen
2 Tl gemahlener Koriander
½ getrocknete rote Chilischote
½ Tl gemahlene Kurkuma
1 Tl Garam masala (s. S. 225)
2 Schalotten
2 grüne Chilischoten
4 Eier
1½ Tl frisch gehackter Koriander
Salz, Pfeffer
4 El Pflanzenöl
4 Zwiebeln
3 grüne Chilischoten
2 Tomaten
1 Tl Tomatenmark
1 Tl Apfelessig
gehackter Koriander zum Bestreuen

Zubereitungszeit: ca. 35 Minuten (plus Schmor-, Brat- und Kochzeit)
Pro Portion ca. 179 kcal/749 kJ
4 g E · 17 g F · 3 g KH

KARTOFFEL-ERBSEN-PILZ-CURRY

KARTOFFEL-TOMATEN-CURRY

KARTOFFEL-ZUCCHINI-CURRY

KARTOFFEL-KICHERERBSEN-CURRY

KARTOFFEL-YAMSWURZEL-CURRY

KARTOFFEL-KÜRBIS-CURRY

KARTOFFEL-BOHNEN-CURRY SÜDINDIEN

Die Zwiebeln schälen und fein hacken. Die Tomaten waschen, vierteln, den Stielansatz herausschneiden. Die Kartoffeln schälen und würfeln. Die grünen Bohnen putzen, waschen und in 2,5 cm lange Stücke schneiden.

Das Öl in einer Pfanne erhitzen und die Senfkörner darin unter Rühren zum Platzen bringen. Die Chiliflocken und Curryblätter zugeben und 2 Minuten schmoren. Die gehackten Zwiebeln zugeben und weich schmoren.

Die restlichen Gewürze und die Tomaten zugeben und 5 Minuten schmoren. Kartoffeln unterheben und alles weitere 5 Minuten schmoren.

Die Bohnen hinzufügen, salzen und 2 Minuten mitschmoren. Die Kokosmilch mit 100 ml Wasser mischen und angießen. Bei geringer Temperatur etwa 20 Minuten köcheln. Curry mit Pfeffer abschmecken und servieren.

* Die mit einem Sternchen versehenen Zutaten können ausgetauscht werden.
Gewürze und Kräuter je nach Belieben.

Für 4 Portionen
2 Zwiebeln*
2 Tomaten*
300 g Kartoffeln
100 g grüne Bohnen*
2 El Pflanzenöl
1 Tl Senfkörner
2 El Chiliflocken*
5 Curryblätter
1/2 Tl gemahlener Koriander
1/2 Tl Garam masala (s. S. 225)
1/2 Tl Kurkumapulver
1/4 Tl Cayennepfeffer
Salz
200 ml Kokosmilch
Pfeffer

Zubereitungszeit: ca. 30 Minuten
(plus Schmor- und Garzeit)
Pro Portion ca. 116 kcal/845 kJ
3 g E · 5 g F · 14 g KH

TIPP:

Dieses einfache Kartoffel-Bohnen-Curry können Sie als sättigende Hauptmahlzeit servieren, wenn Sie gebratene Fleisch- oder Geflügelstücke mitgaren.

KICHERERBSENCURRY

NORDINDIEN

Für 4 Portionen
250 g Kichererbsen
2 Tomaten
3 Zwiebeln
2 Kartoffeln
4 Knoblauchzehen
5 cm Ingwerwurzel
4 grüne Chilischoten
½ Bund frisch gehackter Koriander
1 El gemahlene Koriandersamen
2 Tl gemahlener Kreuzkümmel
½ Tl Kurkumapulver
½ Tl Chilipulver
Salz
3 El Rapsöl
1 Zimtstange
5 Kardamomkapseln
2 Lorbeerblätter

Zubereitungszeit: ca. 25 Minuten (plus Schmor- und Garzeit)
Pro Portion ca. 314 kcal/1317 kJ
14 g E · 11 g F · 39 g KH

Die Kichererbsen waschen, abtropfen lassen und in 750 ml Wasser etwa 1 Stunde 30 Minuten garen, bis sie weich sind.

Die Tomaten waschen, vom Stielansatz befreien und würfeln. Die Zwiebeln, Kartoffeln und Knoblauchzehen schälen, hacken, die Kartoffeln würfeln. Die Ingwerwurzel schälen und fein hacken. Die Chilischoten putzen, waschen und ebenfalls fein hacken.

Aus Tomaten, Knoblauch, Ingwer, Chili, gehacktem Koriander, gemahlenem Koriander, Kreuzkümmel, Kurkuma, Chilipulver, 1 Tl Salz und 6 El Wasser im Mixer eine glatte Paste bereiten.

Das Öl in einem Topf erhitzen. Zimtstange, Kardamomkapseln und Lorbeerblätter darin kurz anschmoren. Zwiebeln und Kartoffeln hinzufügen und unter Rühren 5 Minuten anschmoren. Die Gewürzpaste unterrühren. Das Curry abgedeckt etwa 7 Minuten köcheln.

Die abgegossenen Kichererbsen mit etwas Salz und 250 ml Wasser zugeben und aufkochen. Das Curry bei geringer Temperatur weitere 10 Minuten köcheln. Pikant abschmecken. Vor dem Servieren Zimtstange und Lorbeerblätter entfernen.

Der immergrüne Lorbeerbaum blickt auf eine lange Geschichte zurück, die bis vor die Eiszeit reicht. Später dienten seine Zweige als Krönung für Sieger und waren den griechischen Göttern geweiht.
Heute nutzt man LORBEERBLÄTTER ausschließlich als Würzzutat von Speisen. In Indien ist der Lorbeer mit dem Zimtbaum verwandt, weshalb seine Blätter auch Zimtblätter genannt werden.

KICHERERBSEN werden auch als Bengalsamen bezeichnet, da Indien eines ihrer Hauptanbaugebiete ist. Dort wie auch in Nordafrika und im Mittelmeerraum gehören die Hülsenfrüchte zu den Hauptnahrungsmitteln. Aus ihrem Mehl werden Couscous und Falafel hergestellt. Sie sind Zutat der Tahincreme und des Hummus. Außerdem werden sie geröstet als Kaffeeersatz verwendet oder als Snack geknabbert.

KOKOSCURRY MIT PAPRIKA UND PALMHERZEN THAILAND

Die getrennte Kokoscreme in einem Topf erhitzen und die grüne Currypaste darin unter Rühren auflösen. Die Palmherzen abtropfen lassen und in mundgerechte Stücke schneiden. Die Maiskölbchen längs halbieren. Die Paprikaschote putzen, waschen und in dünne Streifen schneiden. Palmherzen, Maiskölbchen und Paprikastreifen in die Currysauce geben und darin garen, bis die Sauce andickt.

Die Chilischoten putzen und schräg in dünne Ringe schneiden. Fischsauce und Kokosmilch einrühren. Curryblätter und Chili zugeben und mit Limettensaft abschmecken. Das Basilikum waschen, trocken schütteln und zum Curry geben.

Für 4 Portionen

- 5 El getrennte Kokoscreme (s. S. 26)
- 4 El grüne Currypaste (s. S. 223)
- 150 g Palmherzen aus der Dose
- 4 Maiskölbchen aus dem Glas
- 1 grüne Paprikaschote
- 3 grüne Chilischoten
- $2\frac{1}{2}$ El Fischsauce
- 500 ml Kokosmilch
- 3 Curryblätter
- 1 El Limettensaft
- 1 Bund Thai-Basilikum

Zubereitungszeit: ca. 20 Minuten
(plus Schmor- und Garzeit)
Pro Portion ca. 144 kcal/744 kJ
8 g E · 2 g F · 23 g KH

TIPP:

Zum Kokoscurry schmeckt ein körniger thailändischer Duftreis.

WÜRZIGES GEMÜSECURRY

KARNATAKA, SÜDINDIEN

Für die Würzpaste Knoblauch und Ingwer schälen und fein hacken. Eine Chilischote putzen und fein hacken. Die Tomaten waschen, vom Stielansatz befreien und hacken. Knoblauch, Ingwer, Chili, Tomaten und Fenchel im Mixer zu einer Paste pürieren.

Schalotten schälen und hacken. Zucchini heiß abwaschen und würfeln. Möhren, Süßkartoffeln und weiße Rüben schälen und würfeln. Die zweite Chilischote längs aufschlitzen und waschen.

Das Öl in einem Topf erhitzen. Die Schalotten und Chilischote darin glasig schmoren. Zucchini, Möhren, Kurkuma, Chili, Bockshornklee, Koriander und Salz zugeben und gut verrühren. Anschließend Süßkartoffelwürfel und Rüben hinzufügen und alles etwa 10 Minuten garen. Die Würzpaste einrühren und bei geschlossenem Deckel weitere 10 Minuten köcheln.

Den Topf vom Herd nehmen und die Kokosmilch einrühren. Das Curry sofort mit Koriander bestreut servieren.

Für 4 Portionen
3 Knoblauchzehen
2 cm Ingwerwurzel
2 grüne Chilischoten
2 Tomaten
1/2 Tl Fenchelsamen
2 Schalotten
100 g Zucchini
100 g Möhren
100 g Süßkartoffeln
100 g weiße Rüben
3 El Distelöl
1/2 Tl Kurkumapulver
1/2 Tl Chilipulver
1 Prise Bockshornkleesamen
1 Tl gemahlener Koriander
Salz
100 ml Kokosmilch
frisch gehackter Koriander

Zubereitungszeit: ca. 30 Minuten (plus Schmor- und Garzeit)
Pro Portion ca. 135 kcal/554 kJ
3 g E · 9 g F · 12 g KH

AUBERGINENCURRY

KERALA, SÜDINDIEN

Die Tamarinde 30 Minuten in 125 ml heißem Wasser einweichen, durch ein Sieb abgießen und gut ausdrücken. Tamarindenwasser beiseite stellen. Die Auberginen waschen, Stiel und Stielansatz herausschneiden und die Früchte 20 Minuten in Salzwasser legen.

Die Auberginen, Schalotten, Knoblauch und Ingwer schälen und hacken. Kokosraspel und Erdnüsse in einer Pfanne ohne Fett rösten, bis sie duften. Chili, Koriandersamen und Kreuzkümmel 3 Minuten mitrösten. Alles im Mixer zu einer Paste verrühren.

Das Öl in einer Pfanne erhitzen und die Senfkörner darin unter Rühren zum Platzen bringen. Knoblauch, Ingwer und Curryblätter zugeben und mitschmoren. Schalotten und Kurkuma einrühren und 25 Minuten bei geringer Temperatur schmoren. Die Würzpaste und 50 ml Wasser zugeben, alles gut verrühren und weitere 10 Minuten schmoren. 450 ml leicht gesalzenes Wasser angießen, die Auberginen hineinlegen und bei geschlossenem Deckel weich garen. Nach 15 Minuten das Tamarindenwasser zugeben. Auberginencurry mit gehacktem Koriander bestreut servieren.

Für 4 Portionen
40 g Tamarindenmark aus 1 Tamarinde
500 g Auberginen
Salz
400 g Schalotten
1 Knoblauchzehe
2 cm Ingwerwurzel
125 g frisch geraspelte Kokosnuss
75 g gehackte Erdnüsse
6 rote Chilischoten
1 Tl Koriandersamen
1/2 Tl Kreuzkümmelsamen
4 El Olivenöl
1/2 Tl Senfkörner
8 Curryblätter
1/4 Tl Kurkumapulver
frisch gehackter Koriander zum Garnieren

Zubereitungszeit: ca. 30 Minuten
(plus Einweich-, Schmor- und Garzeit)
Pro Portion ca. 446 kcal/1869 kJ
11 g E · 40 g F · 12 g KH

SÄMIGES YAMSWURZEL-CURRY MUMBAY, WESTINDIEN

Aus dem Tamarindenmark wie auf Seite 40/41 beschrieben Tamarindenwasser herstellen. Kartoffeln und Möhre schälen, Kartoffel in dickere Scheiben schneiden, Möhre in Streifen. 2 Chilischoten putzen, waschen und hacken. Die Baby-Auberginen putzen und vierteln. Yamswurzel schälen und klein würfeln. Bohnen putzen, waschen und klein schneiden.

4 El Öl in einem großen Topf erhitzen. Zuerst die Bockshornkleesamen darin schmoren, dann die Kreuzkümmelsamen. Anschließend Ingwer, Curryblätter und gehackte Chili 1 Minute mitschmoren. Kichererbsenmehl einrühren und 5 Minuten anschwitzen, bis eine Mehlschwitze entsteht. Chilipulver, Kurkuma und restliches Öl zugeben und unter Rühren 3 Minuten köcheln. Unter Rühren 1,5 l Wasser angießen und 10 Minuten köcheln. Yamswurzel, nach 10 Minuten Kartoffeln, nach 15 Minuten Bohnen, Möhren, Auberginen und die 4 ganzen Chilis zugeben. Zucker, Tamarindenwasser einrühren und alles garen. Minzeblätter zugeben und das Curry servieren.

Für 4 Portionen
1 Tl Tamarindenmark
2 Kartoffeln
1 Möhre
6 grüne Chilischoten
2 Baby-Auberginen
150 g Yamswurzel
100 g grüne Bohnen
50 ml Pflanzenöl
je 1/2 Tl Bockshornklee- und Kreuzkümmelsamen
2 Tl frisch gehackter Ingwer
8 Curryblätter
50 g Kichererbsenmehl
je 1/2 Tl rotes Chilipulver und Kurkuma
Salz
1/2 Tl Zucker
6 Minzeblätter

Zubereitungszeit: ca. 25 Minuten
(plus Einweich-, Schmor- und Garzeit)
Pro Portion ca. 253 kcal/1060 kJ
5 g E · 14 g F · 27 g KH

MONTECILLO BLANCO, RIOJA (SPANIEN)

Hell und klar mit frischen Fruchtaromen, feinem Säurespiel und eleganter Struktur – ein idealer Begleiter zum Gemüsecurry.

CURRY MIT PANIR, SPINAT UND LINSEN

CURRY MIT PANIR UND FLASCHENKÜRBIS

CURRY MIT PANIR, PAPRIKA UND TOMATE

CURRY MIT TOFU, MÖHREN UND GRÜNEN BOHNEN

CURRY MIT TOFU UND AUBERGINEN

CURRY MIT TOFU, ERBSEN UND WEISSKOHL

ERBSENCURRY MIT PANIR INDIEN

Die Tomaten waschen, vom Stielansatz befreien und würfeln. Zwiebel, Ingwer und Knoblauch schälen und hacken. Die Chilischoten putzen und hacken. Die Zutaten mit dem Essig mischen und im Mixer zu einer Paste verarbeiten.

Das Öl in einer Pfanne erhitzen. Den Panir in mundgerechte Stücke schneiden und im heißen Öl knusprig ausbacken. Herausnehmen und auf Küchenpapier abtropfen lassen.

Die Zwiebelpaste im Bratfett 3 Minuten unter Rühren schmoren. Kurkuma, Chili, Koriander und Salz zugeben und weitere 3 Minuten schmoren. Die Pilze putzen, feucht abreiben und unterheben. 3 Minuten schmoren.

Die Erbsen zugeben, 225 ml Wasser angießen und bei geschlossenem Deckel etwa 10 Minuten köcheln. Den Panir zugeben und weitere 10 Minuten köcheln. Mit gehacktem Koriander bestreut servieren.

* Die mit einem Sternchen versehenen Zutaten können ausgetauscht werden.
Gewürze und Kräuter je nach Belieben.

Für 4 Portionen
2 Tomaten*
1 Zwiebel*
2 cm Ingwerwurzel
3 Knoblauchzehen
2 grüne Chilischoten
3 Tl Weißweinessig
6 El Pflanzenöl
275 g Panir*
1 Tl Kurkumapulver
1/2 Tl Chilipulver
1 Tl Korianderpulver
3/4 Tl Salz
100 g Champignons*
150 g frisch gepuhlte Erbsen*
frisch gehackter Koriander zum Bestreuen*

Zubereitungszeit: ca. 20 Minuten
(plus Schmor- und Garzeit)
Pro Portion ca. 238 kcal/994 kJ
13 g E · 17 g F · 7 g KH

TIPP:

Panir ist ein indischer halbfester Frischkäse, der sich leicht krümeln lässt. Er hat einen neutralen Geschmack und ist für jede Art von Zubereitung geeignet.

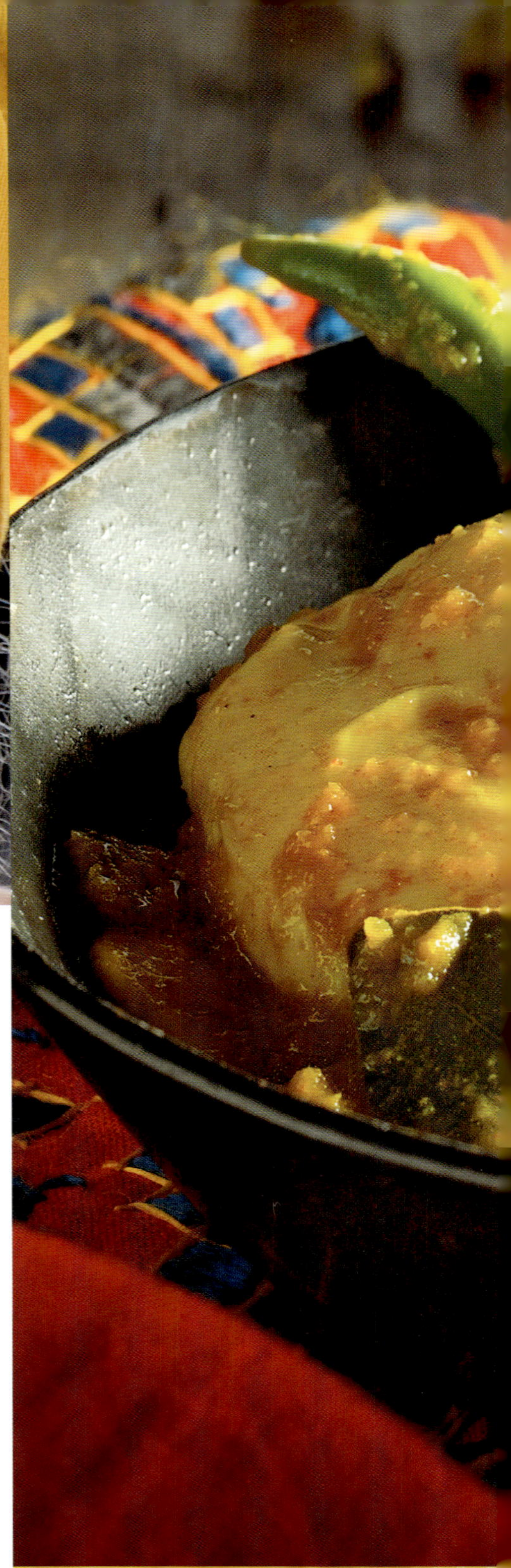

CURRY MIT GEBRATENEN EIERN WESTINDIEN

Für 4–6 Portionen
3 Zwiebeln
4 Knoblauchzehen
2 cm Ingwerwurzel
1 El Weißweinessig
8 El Distelöl
2 El Senf
8 Eier
3 Lorbeerblätter
5 cm Zimtstange
6 Kardamomkapseln
3 grüne Chilischoten
$1\frac{1}{2}$ Tl Kurkumapulver
$\frac{1}{2}$ Tl Chilipulver
Salz
Zucker

Zubereitungszeit: ca. 15 Minuten (plus Schmorzeit)
Pro Portion ca. 282 kcal/1118 kJ
8 g E · 26 g F · 16 g KH

Zwiebeln, Knoblauch und Ingwer schälen und fein hacken. Mit dem Essig im Mixer zu einer Paste verarbeiten. Das Öl in einer Pfanne erhitzen, den Senf einrühren. Die Eier portionsweise im heißen Fett braten, herausnehmen und warm stellen.

Lorbeerblätter, Zimtstange, Kardamom in der Pfanne 3 Minuten unter Rühren braten. Die Würzpaste, 200 ml Wasser und die ganzen grünen Chilischoten zugeben und 8 Minuten mitbraten. Das Chilipulver sowie Salz und Zucker nach Geschmack einrühren und etwa 1 Minute weiterbraten.

Die Eier wieder in die Pfanne geben und vorsichtig mit der Sauce bedecken. Bei geschlossenem Deckel weitere 5 Minuten schmoren. Sofort mit Reis servieren

SENF wird aus den gemahlenen Samen bestimmter Kreuzblütler und Kohlarten gewonnen. Die Samen werden gemahlen, entfettet und mit Zutaten wie Wein, Essig, Zucker oder Salz und anderen scharfen Zutaten verrührt. Je nach Zusammensetzung wird die Senfpaste süß, mild, mittelscharf oder sehr scharf. Schon die Auswahl der Samen bestimmt die Schärfe: Es gibt mittelscharfe gelbe und sehr scharfe schwarze Senfsamen.

ZIMTSTANGEN werden aus der Innenrinde bestimmter tropischer Bäume gewonnen. Vor allem aus den Schösslingen des Zimtlorbeerbaumes werden sie gerollt und ineinandergesteckt. So trocknen sie und ergeben die feinwürzigen Stangen, die ganz oder gemahlen Zutat vieler exotischer – pikanter wie süßer Gerichte sind. Die hellen Stangen sind von besserer Qualität als die dunkleren. Hauptanbaugebiete für Zimtbäume sind Westindien und Sri Lanka.

JAWED HABIB

AUGENBOHNENCURRY MIT TOMATEN SÜDINDIEN

Die Zwiebeln und Knoblauchzehen schälen und hacken. Die Tomaten waschen, den Stielansatz herausschneiden und das Fruchtfleisch würfeln. Den Spinat verlesen, waschen und abtropfen lassen. In Streifen schneiden.

Das Öl in einem Topf erhitzen und die Senfkörner darin platzen lassen. Zwiebel, Knoblauch und Curryblätter zugeben und 5 Minuten schmoren.

Chilischoten, Chilipulver, Koriander, Kurkuma, Kreuzkümmel unterrühren. Tomaten und Spinat zugeben und alles etwa 5 Minuten bei geringer Temperatur garen.

Die abgetropften Bohnen unterheben und mit Salz abschmecken. 3 Minuten erwärmen, dann den Topf vom Herd nehmen und den Joghurt einrühren. Das Curry sofort servieren.

Für 4 Portionen
- 3 Zwiebeln
- 2 Knoblauchzehen
- 200 g Tomaten
- 50 g frischer Spinat
- 3 El Pflanzenöl
- ½ Tl Senfkörner
- 10 Curryblätter
- 2 getrocknete rote Chilischoten
- ½ Tl Chilipulver
- 1 Tl gemahlener Koriander
- ½ Tl Kurkumapulver
- ¼ Tl Kreuzkümmelpulver
- 100 g Augenbohnen aus der Dose
- Salz
- 300 g Naturjoghurt

Zubereitungszeit: ca. 30 Minuten
(plus Schmor- und Garzeit)
Pro Portion ca. 192 kcal/802 kJ
9 g E · 11 g F · 15 g KH

TIPP:

Das Curry kann auch mit Kidney- oder weißen Bohnen zubereitet werden.

KICHERERBSEN-WEISSKOHL-CURRY KARIBIK

Die Zwiebeln und Knoblauchzehen schälen und hacken. Die Chilis waschen, Kerne und weiße Innenhäute entfernen, Chilis hacken. Die Kartoffeln schälen und in 3 cm große Würfel schneiden. Den Weißkohl putzen, waschen, abtropfen lassen und in Streifen, die Streifen in Quadrate schneiden.

Zwiebeln, Knoblauch, Chilis und 4 El Wasser im Mixer zu einer Paste verarbeiten.

Das Öl in einem großen Topf erhitzen. Die Würzpaste darin unter Rühren 3 Minuten schmoren. Bei geringer Temperatur und mit geschlossenem Deckel weitere 3 Minuten schmoren.

Currypulver und Kreuzkümmel zugeben, dann Kartoffeln, Kichererbsen und Salz hinzufügen, 400 ml Wasser und 200 ml Garflüssigkeit der Kichererbsen angießen, aufkochen und abgedeckt etwa 20 Minuten köcheln.

Den Weißkohl zugeben, 200 ml Wasser angießen und weitere 15 Minuten abgedeckt garen, bis der Kohl weich ist. Zuletzt die gehackten Erdnüsse unterheben.

Für 4–6 Portionen
150 g Zwiebeln
4 Knoblauchzehen
3 Vogelaugen-Chilis
3 Kartoffeln
350 g Weißkohl
4 El Olivenöl
1 El Currypulver
1 Tl gemahlener Kreuzkümmel
200 g gegarte Kichererbsen sowie 200 ml der Garflüssigkeit
1 1/2 Tl Salz
100 g geröstete und gehackte Erdnüsse

Zubereitungszeit: ca. 35 Minuten (plus Schmor- und Garzeit)
Pro Portion ca. 420 kcal/1695 kJ
15 g E · 23 g F · 34 g KH

ERDNÜSSE haben in einem Curry neben der geschmacksgebenden auch eine bindende Funktion, vor allem wenn sie gemahlen zugefügt werden. Gehackt wie in diesem Gericht dienen sie der Intensivierung des Aromas.

Der nährstoffreiche WEISSKOHL ist in Indien sehr beliebt, in der Karibik wird er eher zurückhaltend verwendet. Hier ergibt er, kombiniert mit Kichererbsen und Kartoffeln, ein Curry, das gerne auf Hochzeiten serviert wird.

GUARDIAN PEAK FRONTIER,
WESTERN CAPE (SÜDAFRIKA)

Das tiefe Dunkelrot und die frischen Aromen von Holunderbeere und Cassis vervollkommnen ein Currygericht wie Bunny Chow. Die angenehme Holzstruktur und die weichen Tannine runden das Geschmackserlebnis ab.

BUNNY CHOW – BOHNEN-CURRY IN BROT SÜDAFRIKA

Vom Weißbrot oben einen 3 cm breiten Deckel abschneiden, das Brot bis auf einen etwa 2 cm breiten Rand aushöhlen und beiseite stellen.

Die Zwiebeln, den Knoblauch und den Ingwer schälen und fein hacken. Die Kartoffel schälen und würfeln. Die Bohnen putzen, waschen und klein schneiden.

Das Öl in einem großen Topf erhitzen, die Samen und Curryblätter darin anschmoren. Die Temperatur reduzieren und Zwiebeln, Knoblauch, Ingwer, Chili einrühren und unter Rühren die Zwiebeln anbräunen lassen. Kartoffeln zugeben und 10 Minuten unter Rühren garen. Tomatenwürfel und Garam masala einrühren und andicken lassen. Die grünen Bohnen zugeben und 3 Minuten garen. Kidneybohnen mit Flüssigkeit hinzufügen, aufkochen und 10 Minuten köcheln, bis es andickt.

Den Backofen auf 180 °C (Umluft 160 °C) vorheizen.

Das Curry mit Zitronensaft und Koriander würzen, in das ausgehöhlte Brot geben, den Brotdeckel aufsetzen und festdrücken. Brot in Alufolie wickeln und im Backofen 15 Minuten backen. Das Brot in der Folie servieren.

Für 8 Portionen
1 Kastenweißbrot
2 Zwiebeln
3 Knoblauchzehen
5 cm Ingwerwurzel
1 Kartoffel
150 g grüne Bohnen
4 El Maiskeimöl
je ½ Tl Senf-, Fenchel- und Kreuzkümmelsamen
10 Curryblätter
1 getrocknete rote Chilischote
400 g gewürfelte Tomaten
1 Tl Garam masala (s. S. 225)
800 g Kidneybohnen aus der Dose
2 El Zitronensaft
frisch gehackter Koriander

Zubereitungszeit: ca. 30 Minuten
(plus Schmor- und Garzeit)
Pro Portion ca. 322 kcal/1159 kJ
11 g E · 7 g F · 55 g KH

PILZCURRY MIT KORIANDER

PAKISTAN

Die Schalotten schälen und hacken. Die Chilischoten putzen, waschen und fein hacken. Die Pilze putzen und feucht abreiben. Die Kartoffeln schälen und würfeln.

Das Öl in einem großen Topf erhitzen und die Zimtstangen kurz darin schwenken. Schalotten und Chilis zugeben und unter Rühren 5 Minuten darin schmoren, bis die Schalotten glasig sind.

Topf vom Herd nehmen und den Joghurt sowie 1/2 Tl Salz hineingeben. Gut verrühren, den Topf wieder auf den Herd setzen. Rühren, bis das Öl sich an den Rändern absetzt.

Pilze, Kartoffeln, 1/2 Tl Salz, Nelken-, Kardamom-, Currypulver und Koriander hinzufügen und alles etwa 15 Minuten bei geschlossenem Deckel köcheln.

Den Deckel abnehmen, die Flüssigkeit etwas einkochen lassen, das Curry mit saurer Sahne abschmecken und servieren.

Für 4 Portionen
2 Schalotten
3 grüne Chilischoten
700 g Champignons
2 Kartoffeln
5 El Distelöl
2 mittelgroße Zimtstangen
250 ml Naturjoghurt
Salz
1/4 Tl Nelkenpulver
1/4 Tl Kardamompulver
1/4 Tl Currypulver
1/2 Bund frisch gehackter Koriander
3 El saure Sahne

Zubereitungszeit: ca. 30 Minuten
(plus Schmor- und Garzeit)
Pro Portion ca. 236 kcal/982 kJ
11 g E · 16 g F · 12 g KH

TIPP:

Das Gericht kann auch mit allen anderen Pilzen zubereitet werden, zum Beispiel indischen Monsun-Pilzen (nur in der Regenzeit erhältlich).

BROCCOLICURRY

SCHWARZWURZELCURRY

PAPRIKA-TOMATENCURRY

GEMISCHTES RÜBENCURRY

GEMISCHTES BOHNENCURRY (GRÜNE BOHNEN UND STANGENBOHNEN)

JACKFRUCHTCURRY

BLUMENKOHLCURRY INDIEN

Die Zwiebeln, den Ingwer und den Knoblauch schälen und alles fein hacken. Mit 4 El Wasser im Mixer zu einer Paste verarbeiten.

Das Öl in einem großen Topf erhitzen. Die Kartoffeln schälen und in mundgerechte Würfel schneiden. Die Blumenkohlröschen waschen und gut abtropfen lassen. Kartoffeln und Blumenkohl im heißen Öl unter Rühren etwas anbraten, dann aus dem Topf nehmen und auf Küchenpapier abtropfen lassen.

Vom Öl aus dem Topf etwa 2 El abnehmen. Asant und Curryblätter darin anschwitzen, dann erst den Kreuzkümmel und dann die Zwiebel-Ingwer-Knoblauchpaste zugeben und mitschwitzen. Nacheinander die Gewürze einstreuen und unterrühren. Das Tomatenmark einrühren und alles etwa 3 Minuten schmoren.

Kartoffelstücke und Blumenkohlröschen in den Topf geben und 500 ml Wasser angießen. Mit Salz abschmecken. Die Chilis waschen, etwas einschneiden und ganz in das Curry geben. Das Curry aufkochen und bei geringer Temperatur 10–15 Minuten garen. Mit Sesam bestreut servieren.

Für 4 Portionen
3 rote Zwiebeln
3 cm Ingwerwurzel
3 Knoblauchzehen
6 El Pflanzenöl
2 Süßkartoffeln*
400 g Blumenkohlröschen*
1 Prise Asant
2 Curryblätter
je 1/2 Tl gemahlener Kreuzkümmel, Kurkuma, Cayennepfeffer
1 Tl gemahlener Koriander
3 El Tomatenmark
Salz
2 grüne Chilischoten*
2 El gerösteter schwarzer Sesam*

Zubereitungszeit: ca. 30 Minuten (plus Schmor- und Garzeit)
Pro Portion ca. 286 kcal/1196 kJ
6 g E · 19 g F · 21 g KH

* Die mit einem Sternchen versehenen Zutaten können ausgetauscht werden. Gewürze und Kräuter je nach Belieben.

OBST-CURRYS

Auf den Märkten bietet sich dem Auge eine bunte Vielfalt an frischem Obst, das mit den Farben der Gewänder der Frauen konkurriert.

In den fruchtbaren Bergregionen im Norden, Süden und Westen Indiens gedeihen die unterschiedlichsten Früchte. Die zahlreichen Sonnentage im Jahr sorgen dafür, dass sie alle wunderbar saftig schmecken.

OBSTCURRYS

Mit Obstsorten aller Art und in allen Geschmacksrichtungen ist Indien reich gesegnet. Früchte wie Mangos, Ananas, Papayas, Bananen, Orangen, Limetten gedeihen in den Küstenregionen, Äpfel wachsen im Norden und in der Mitte des Landes.

Allen voran sind Bananen ein Hauptnahrungsmittel in Indien. Denn die Früchte sind billig und äußerst nährstoffreich. Fährt man durchs Land, fallen schnell die großen nach unten hängenden rot-violetten Blüten der Bananenpflanzen auf, deren Inneres ebenfalls zum Kochen verwendet wird. An diesen Blüten bilden sich mehrere Bananenhände mit jeweils 10–20 Früchten daran. Man unterscheidet die Dessertbananen, die auch bei uns als Früchte bekannt sind. Außerdem gibt es die grünen bzw. roten Kochbananen, die roh nicht genießbar sind, aber gekocht, geschmort oder gegrillt ein mild-säuerliches Aroma entwickeln. Vielfach werden auch die Bananenfasern zur Herstellung von Netzen verwendet. Die abgestorbenen Pflanzenteile ergeben fruchtbaren Humus.

Außer den genannten Obstsorten findet man noch Granatäpfel, Jackfrüchte und Physalis, Quitten, Melonen, Aprikosen und Pfirsiche auf indischen Märkten und in den Kochtöpfen. Die Inder verstehen es, aus allen diesen Früchten schmackhafte Currys zuzubereiten, wie die folgenden Seiten zeigen. Ob als erfrischende Speise mit Joghurt, als würziges Masala mit Koriander oder als Zutat zu einem Curry mit Fleisch, Geflügel oder Fisch – in der Verbindung mit frischen Kräutern und pikant bis scharfen Gewürzmischungen bietet die Süße der Früchte immer eine geschmackliche Kompensation, sodass auch europäische Gaumen mit indischer Schärfe zurechtkommen.

RINDFLEISCH MIT FEIGEN

RINDFLEISCH MIT GETROCKNETEN APRIKOSEN

RINDFLEISCH MIT ZWIEBELN UND SULTANINEN

LAMM MIT APRIKOSEN

HUHN MIT APRIKOSEN

SCHWEINEFLEISCH MIT MANGO

RINDFLEISCH MIT APRIKOSEN

MUMBAI, WESTINDIEN

Die Aprikosen heiß überbrühen, schälen, halbieren und den Stein entfernen. Die Zwiebeln, den Ingwer und Knoblauch schälen und fein hacken.

Das Öl in einem Bräter erhitzen und die Zwiebeln darin anbräunen. Ingwer und Knoblauch zugeben und mitschmoren. Nach 3 Minuten Zimtstange, Kardamom und kurz darauf das Chilipulver und den Kreuzkümmel hinzufügen.

Das Tomatenmark einrühren und alles 5 Minuten köcheln. Das Fleisch waschen, trocken tupfen und in Stücke schneiden.

Mit dem Garam masala zu den anderen Zutaten in den Topf geben und 5 Minuten schmoren. 250 ml Wasser angießen, salzen und bei geringer Temperatur etwa 45 Minuten schmoren, bis das Fleisch gar ist. Nach Bedarf Wasser nachgießen.

Die Aprikosenhälften mit Essig und Zucker zum Fleisch geben und alles weitere 10 Minuten schmoren.

Für 4 Portionen
200 g Aprikosen*
2 Zwiebeln*
1 cm Ingwerwurzel
2 Knoblauchzehen
4 El Distelöl
1 Zimtstange
6 grüne Kardamomkapseln
1 1/2 Tl Chilipulver
1/2 Tl gemahlener Kreuzkümmel
2 El Tomatenmark*
700 g Rindfleisch*
3/4 Tl Garam masala (s. S. 225)
Salz
1 Tl Apfelessig
Zucker nach Belieben

Zubereitungszeit: ca. 40 Minuten
(plus Schmor- und Garzeit)
Pro Portion ca. 306 kcal/1284 kJ
38 g E · 14 g F · 7 g KH

* Die mit einem Sternchen versehenen Zutaten können ausgetauscht werden. Gewürze und Kräuter je nach Belieben.

LAMMCURRY MIT BANANEN

KERALA, SÜDINDIEN

Für 4 Portionen
4 El Pflanzenöl
1 Tl Senfkörner
10 Curryblätter
3 cm Ingwerwurzel
5 Knoblauchzehen
2 grüne Chilischoten
1/2 Bund Frühlingszwiebeln (nur das Weiße)
2 Tl gemahlener Koriander
1/2 Tl gemahlener Kurkuma
1/2 Tl Chilipulver
3 Tomaten
400 g Lammschulter
1 Kochbanane
Salz

Zubereitungszeit: ca. 25 Minuten
(plus Schmor- und Garzeit)
Pro Portion ca. 390 kcal/1631 kJ
19 g E · 28 g F · 14 g KH

Das Öl in einer Pfanne erhitzen und die Senfkörner darin unter Rühren zum Platzen bringen. Die Curryblätter in Streifen schneiden. Ingwer und Knoblauch schälen und hacken. Die Chilischoten putzen, entkernen und hacken. Die Frühlingszwiebeln in Ringe schneiden.

Curryblätter, Ingwer, Knoblauch und Chili in die Pfanne geben und 3 Minuten schmoren. Die Zwiebelringe zugeben und 5 Minuten mitschmoren.

Die Gewürze einrühren. Die Tomaten waschen, vom Stielansatz befreien und in Scheiben schneiden. In die Pfanne geben.

Das Lammfleisch waschen, trocken tupfen und in Würfel schneiden. Mit 400 ml Wasser in die Pfanne geben, aufkochen und etwa 20 Minuten schmoren.

Die Banane schälen und fein würfeln. Mit etwas Salz vermischen und zum Fleisch geben. Das Curry weitere 15 Minuten köcheln, bis alles weich ist.

Die in ausgereiftem Zustand roten Früchte der Tomatenpflanzen gehören zu den Nachtschattengewächsen, was sie im rohen, grünen Zustand giftig sein lässt. Man kennt mittlerweile TOMATEN in vielen Formen, Farben und Geschmacksrichtungen – von geschmacksneutralen Treibhaustomaten bis zu aromatischen kanarischen Strauchtomaten und den kleinen Kirsch- bzw. Cocktailtomaten. In den Küchen vieler Länder sind sie in Speisen als Farb- und Geschmacksgeber unverzichtbar.

FRÜHLINGSZWIEBELN gehören zu den Lauchgewächsen und haben neben der kleinen weißen Zwiebel lange grüne Blätter, die ebenfalls zum Würzen verwendet werden können. Frühlings- oder Lauchzwiebeln können roh und gegart gegessen werden. Als Salatzutat sind sie ebenso beliebt wie roh zum Stippen in Salz, wie es in Italien Sitte ist. Die weißen Zwiebeln an den grünen Stängeln werden auch als Perlzwiebeln in der Küche verwendet.

CURRYHUHN MIT ANANAS

SÜDOSTASIEN

Die Hähnchenkeulen waschen, trocken reiben und am Gelenk trennen. Die Teile mit Salz und Pfeffer einreiben. Die Ananasscheiben in Würfel schneiden. Die Hälfte davon mit 2 El Wasser im Mixer pürieren. Die Zwiebeln und den Ingwer schälen und fein hacken. Die Tomaten enthäuten, entkernen, vom Stielansatz befreien und würfeln.

Das Öl in einer Pfanne erhitzen und die Hähnchenteile darin von allen Seiten gut anbraten. Aus der Pfanne nehmen. Zwiebeln und Ingwer im Bratfett goldbraun schmoren. Cayennepfeffer und die anderen Gewürze außer Garam masala zugeben und unter Rühren 2 Minuten mitschmoren. Joghurt und saure Sahne einrühren, dann Ananaspüree und Tomatenwürfel zugeben. Die Mischung etwa 4 Minuten köcheln.

Hähnchenteile, restliche Ananaswürfel und 125 ml Wasser hinzufügen, aufkochen und bei geschlossenem Deckel etwa 40 Minuten schmoren. Bei Bedarf Wasser nachgießen. 5 Minuten vor Ende der Kochzeit Garam masala unterrühren.

Für 4 Portionen
4 Hähnchenkeulen
Salz
Pfeffer
2 Scheiben frische Ananas
4 rote Zwiebeln
5 cm Ingwerwurzel
500 g Tomaten
4 EL Maiskeimöl
1 Tl Cayennepfeffer
je 1 Tl Fenchelsamen, gemahlener Koriander, gemahlener Kreuzkümmel und Kurkuma
150 g Joghurt
75 g saure Sahne
2 Tl Garam masala (s. S. 225)

Zubereitungszeit: ca. 30 Minuten
(plus Schmor- und Garzeit)
Pro Portion ca. 553 kcal/1853 kJ
40 g E · 36 g F · 11 g KH

CURRY MIT TROCKENFRÜCHTEN

WESTINDIEN

Die Datteln 1 Stunde 30 Minuten in heißem Wasser einweichen. Die Mandeln und Pistazien mit heißem Wasser übergießen, 15 Minuten stehen lassen, dann die Häute abziehen. Das Einweichwasser aufbewahren. 50 g Erdnüsse mit etwas Wasser im Mixer zu einer Paste verarbeiten. Den Joghurt mit Salz und Pfeffer würzen und gut durchrühren.

Zwiebeln, Galgant und Knoblauch schälen und fein hacken. Die Chilischoten putzen, entkernen und hacken. Die Tomaten vom Stielansatz befreien und fein reiben.

PISTAZIEN, die Früchte des gleichnamigen Baumes, genießen als geröstete Kerne in aller Welt hohes Ansehen. Gesalzen werden sie als Snack gereicht, ungesalzen als Zutat für pikante wie süße Speisen verwendet.

Das Öl in einer Pfanne erhitzen und Lorbeerblatt, Zimtstange, Nelken und Kardamom mit erhitzen. Zwiebeln anbräunen. Galgant, Knoblauch und Chili hinzufügen und 10 Minuten mitschmoren.

Nun nach und nach die Gewürzpulver zugeben und einige Minuten mitschmoren. Die Tomaten einrühren und 3 Minuten köcheln.

Die Pfanne vom Herd nehmen, Würzmischung abkühlen lassen, Lorbeerblatt entfernen, dann im Mixer pürieren.

Die Würzpaste mit Joghurt, Erdnusspaste und 500 ml Wasser mit Einweichwasser im Topf unter Rühren 15 Minuten köcheln. Mit Salz abschmecken.

Die Datteln abgießen und den Stein entfernen.

Das Ghee in einer Pfanne erhitzen und Mandeln, restliche Erdnüsse, Cashewnüsse, getrocknete Feigen und Datteln und 3/4 der Pistazien darin etwa 6 Minuten braten. Die Mischung in die Sauce geben und alles weitere 15 Minuten köcheln. Das Garam masala einrühren und das Curry 5 Minuten ziehen lassen.

Das Curry mit Crème fraîche beträufeln und mit den restlichen gehackten Pistazien bestreuen.

Für 4 Portionen

- 100 g getrocknete Datteln
- 100 g Mandeln
- 75 g Pistazien
- 100 g ungesalzene Erdnüsse
- 375 ml Joghurt
- Salz
- Pfeffer
- 3 Zwiebeln
- 2 Scheiben Galgant
- 4 Knoblauchzehen
- 4 grüne Chilischoten
- 2 Tomaten
- 4 El Öl
- 1 Lorbeerblatt
- 1/2 Zimtstange
- 3 Nelken
- 4 grüne Kardamomkapseln
- 1 Tl Korianderpulver
- 1/2 Tl Kreuzkümmelpulver
- 1 Tl Chilipulver
- 3 El Ghee
- 75 g Cashewnüsse
- 100 g getrocknete Feigen
- 1/4 Tl Garam masala (s. S. 225)
- 3 El Crème fraiche

Zubereitungszeit: ca. 40 Minuten
(plus Schmor- und Garzeit)
Pro Portion ca. 810 kcal/ 3386 kJ
24 g E · 58 g F · 48 g KH

ORANGE

BANANEN-MASALA MIT KORIANDER SÜDAFRIKA

Die Kochbananen ungeschält in einen Dämpfeinsatz geben und 10 Minuten über kochendem Wasser dämpfen. Dann abkühlen lassen.

Zwiebel, Knoblauch und Ingwer schälen und fein hacken. Die Chilischote putzen, Kerne und weiße Innenhäute entfernen und das Fruchtfleisch hacken.

Das Öl in einem Topf erhitzen und nacheinander Senfkörner, Kreuzkümmelsamen und Curryblätter hineingeben. Wenn die Samen aufgeplatzt sind, Zwiebel, Knoblauch, Ingwer und Chili hinzufügen und bei geringer Temperatur und geschlossenem Deckel etwa 10 Minuten schmoren.

Die Kochbananen schälen und in dünne Streifen schneiden oder fein würfeln. Kochbananen in den Topf geben.

Kurkuma und Chutney einrühren und die Bananen 5 Minuten schmoren. Mit Zimt und Zitronensaft abschmecken.

Für 4 Portionen
4 Kochbananen
1 rote Zwiebel
1 Knoblauchzehe
3 cm Ingwerwurzel
2 grüne Chilischoten
3 El Pflanzenöl
1 Tl Senfkörner
1/2 Tl Kreuzkümmelsamen
8 Curryblätter
1/4 Tl Kurkuma
2 El Apfelchutney (s. S. 244)
2 Tl Zimt
Zitronensaft

Zubereitungszeit: ca. 20 Minuten
(plus Dämpf- und Schmorzeit)
Pro Portion ca. 227 kcal/947 kJ
2 g E · 8 g F · 36 g KH

MANGOCURRY MIT JOGHURT WESTINDIEN

Für 4 Portionen
500 g festes Mangofruchtfleisch
5 El Joghurt
3 El Kichererbsenmehl
400 ml Kokosmilch
2 cm Ingwerwurzel
2 Schalotten
2 grüne Chilischoten
Salz
1 El Öl
1 Tl Kreuzkümmelsamen
8 Curryblätter
1 Tl Rohrzucker

Zubereitungszeit: ca. 30 Minuten (plus Schmorzeit)
Pro Portion ca. 153 kcal/635 kJ
3 g E · 5 g F · 24 g KH

Das Mangofruchtfleisch in kleine Würfel schneiden oder pürieren. Den Joghurt gut durchrühren. Das Kichererbsenmehl mit 250 ml Wasser zu einer Paste verrühren. Den Joghurt mit der Kichererbsenpaste glatt rühren und durch ein Sieb in einen Topf geben. Die Kokosmilch angießen.

Ingwer und Schalotten schälen und hacken. Die Chilis putzen und entkernen. Die Zutaten im Mixer pürieren. Das Püree unter die Kokosmischung rühren. Mit Salz abschmecken und die Mischung etwas einkochen lassen. Die Mangowürfel bzw. das -püree unterheben.

Das Öl erhitzen und die Kreuzkümmelsamen darin zum Platzen bringen. Die Curryblätter zugeben und etwa 6 Minuten mitschmoren. Zur übrigen Mischung geben und alles weitere 15 Minuten köcheln. Mit Zucker abschmecken.

CHARDONNAY „LESCA", DE WETSHOF ESTATE, ROBERTSON (SÜDAFRIKA)

Goldgelb, beinahe wie die Mangos in diesem Curry, ist der Chardonnay im Glas und entwickelt Aromen von Kräutern, Blumen, Nüssen und gelben Früchten mit einer angenehmen Holznote. Am Gaumen ist er dann sehr cremig, aber nicht fett und zeichnet sich durch ein langes Finish aus.

PUTENCURRY MIT APRIKOSEN

PUTENCURRY MIT PAPAYA

HÄHNCHENCURRY MIT PFIRSICH

HÄHNCHENCURRY MIT RAMBUTAN

PUTENCURRY MIT PHYSALIS

ENTENCURRY MIT GRANATAPFEL

PUTENCURRY MIT MANGO UND ANANAS

INDONESIEN

Das Fleisch waschen, trocken tupfen und in Streifen schneiden. In Mehl wenden. Die Mango schälen, vom Stein schneiden. Die Ananas schälen und den Strunk herausschneiden. Ananas und Mango in mundgerechte Stücke schneiden.

Den Ingwer und Knoblauch schälen und fein hacken. Die Chilischote putzen, entkernen und fein hacken.

Das Öl in einer Pfanne erhitzen und die Putenstreifen darin gut anbraten. Herausnehmen. Ingwer, Knoblauch und Chili im Bratfett 3 Minuten schmoren. Das Garam masala darüberstreuen, kurz mitschmoren und salzen. Mit Sahne und Saft oder Brühe ablöschen und 3 Minuten köcheln. Das Fleisch und die Obststücke hineingeben und mit Curry würzen. Das Curry etwa 10 Minuten köcheln. Mit gehacktem Koriander bestreut servieren.

Für 4 Portionen
4 Putenbrustfilets*
Salz
3 El Mehl
1 Mango*
½ Ananas*
3 cm Ingwerwurzel
2 Knoblauchzehen
1 grüne Chilischote
3 El Öl
½ Tl Garam masala (s. S. 225)
200 ml Sahne
250 ml Ananassaft oder Gemüsebrühe*
2 Tl Currypulver
3 El frisch gehackter Koriander*

Zubereitungszeit: ca. 35 Minuten
(plus Schmor- und Kochzeit)
Pro Portion ca. 531 kcal/2117 kJ
39 g E · 26 g F · 29 g KH

* Die mit einem Sternchen versehenen Zutaten können ausgetauscht werden. Gewürze und Kräuter je nach Belieben.

PFIRSICHCURRY MIT KOKOS

SÜDINDIEN

Für 4 Portionen
1 El Ghee
1 Tl Senfsamen
50 g frisch geriebene Kokosnuss
1 Tl Kurkumapulver
¼ Tl Ingwerpulver
4 frische Pfirsiche oder 8 Pfirsichhälften (Dose)
3 Gewürznelken
Salz
1 El brauner Rohrzucker
50 ml Kokosmilch
Minze zum Garnieren

Zubereitungszeit: ca. 20 Minuten
Pro Portion ca. 123 kcal/516 kJ
1 g E · 7 g F · 14 g KH

Das Ghee in einer Pfanne erhitzen und die Senfsamen darin zum Platzen bringen. Kokosnuss, Kurkuma und Ingwer zugeben und unter Rühren 3 Minuten mitschmoren.

Die frischen Pfirsiche enthäuten, den Kern entfernen. Die Pfirsichhälften in einem Sieb abtropfen lassen. Pfirsiche in Würfel schneiden und mit Nelken, Salz, Zucker und Kokosmilch mischen.

In die Kokosmischung geben und alles etwa 6 Minuten unter Rühren köcheln. Das Pfirsichcurry mit gehackter Minze bestreut servieren.

Schon früh beeindruckte das Zuckerrohr Alexander den Großen, weil es süß schmeckte, ohne dass Honig in ihm vorkam. Die Gewinnung von Zucker war relativ aufwendig, daher war er lange Zeit auch in Europa ein sehr teures Lebensmittel. Er wurde sparsam verwendet und vor ungebetenen Naschkatzen weggeschlossen. Später wurde er auch billiger aus der Zuckerrübe gewonnen.
BRAUNER ZUCKER ist das Stadium während der Raffinierung, das der Zucker erreicht, bevor er weiß wird.

Die NÜSSE DER KOKOSPALMEN beeindrucken nicht nur durch ihre Größe, sondern auch durch ihre Vielseitigkeit. Die Frucht ist kopfgroß. Unter der harten, faserigen Schale kommt eine ebenfalls harte Nuss zum Vorschein, die wiederum festes Fruchtfleisch umgibt, das das Kokoswasser umschließt. Kokosmilch wird aus in Wasser eingeweichtem geriebenem Kokosfruchtfleisch gewonnen. Hieraus wiederum kann man eine fetthaltige Kokoscreme erhalten, wenn man die Flüssigkeit verkochen lässt.

FISCHCURRY MIT QUITTEN

GOA, WESTINDIEN

Die Fischfilets waschen, trocken tupfen und salzen. Mit Limettensaft beträufeln und in Würfel schneiden. Die Chilischoten putzen, entkernen, weiße Innenhäute entfernen und das Fruchtfleisch hacken. Die Knoblauchzehen schälen und hacken. Chili, Knoblauch und Kokos im Mixer zu einer Paste verarbeiten. Die Quitten schälen, halbieren und das Kerngehäuse entfernen. Quittenfruchtfleisch würfeln. Fruchtfleisch aus dem Glas abtropfen lassen.

Die Zwiebel schälen und in feine Ringe schneiden. Das Öl in einer Pfanne erhitzen und die Zwiebelringe darin anbräunen. Die Fischstücke zugeben und gut anbraten. Fisch aus der Pfanne nehmen.

Die Gewürzpaste und die Gewürzpulver ins Bratfett geben und unter Rühren 3 Minuten schmoren. 500 ml Wasser sowie die Quitten zugeben und 5 Minuten schmoren. Das Tamarindenwasser und die Fischstücke in die Pfanne geben und das Curry abgedeckt etwa 10 Minuten köcheln. Garam masala einrühren und 5 Minuten ziehen lassen.

Für 4 Portionen

- 4 Fischfilets
- Salz
- 1 El Limettensaft
- 2 grüne Chilischoten
- 3 Knoblauchzehen
- 40 g frisch geriebene Kokosnuss
- 2 frische Quitten oder 500 g Quittenfruchtfleisch aus dem Glas
- 1 Zwiebel
- 3 El ÖL
- je 1 Tl Kreuzkümmel- und Korianderpulver
- 3 El Tamarindenwasser (s. S. 41)
- 1 Tl Garam masala (s. S. 225)

Zubereitungszeit: ca. 30 Minuten (plus Schmor- und Garzeit)
Pro Portion ca. 305 kcal/1276 kJ
29 g E · 16 g F · 11 g KH

SÜSS-SCHARFES MELONENCURRY

RADSCHASTHAN

Für 4 Portionen
Je 400 g Wasser- und Galiamelonenfruchtfleisch
1 Knoblauchzehe
1 1/2 Tl Chilipulver
1/8 Tl Kurkumapulver
1/2 Tl gemahlener Koriander
Salz
2 El Öl
1/4 Tl Kreuzkümmelsamen
Rohrzucker
2 El Limettensaft
gehackte Bio-Limettenschale zum Garnieren

Zubereitungszeit: ca. 20 Minuten (plus Schmor- und Kochzeit)
Pro Portion ca. 149 kcal/626 kJ
2 g E · 5 g F · 24 g KH

Die Melonen von den Kernen befreien, schälen und in mundgerechte Stücke schneiden. Die Knoblauchzehe schälen und zerdrücken. 200 g Fruchtfleisch im Mixer pürieren und mit Chili, Kurkuma, Koriander, Knoblauch und etwas Salz vermischen.

Das Öl in einer Pfanne erhitzen und die Kreuzkümmelsamen darin zum Platzen bringen. Das Melonenpüree zugeben und bei geringer Temperatur etwa köcheln, bis die Flüssigkeit um ein Drittel eingekocht ist. Jetzt nach Belieben mit Zucker abschmecken, den Limettensaft einrühren und 1 Minute köcheln.

Die restlichen Melonenstücke in die Pfanne geben und unter vorsichtigem Rühren 4 Minuten bei ganz geringer Temperatur erwärmen, bis sie mit der Gewürzmischung überzogen sind. Die Stücke dürfen nicht zerfallen. Mit Limettenschale bestreuen. Als Hauptmahlzeit oder Beilage servieren.

Die LIMETTE ist eng mit der Zitrone verwandt und daher auch sehr sauer, aber noch intensiver in Geschmack und Aroma. Allerdings sind Limetten grün. Sowohl Saft wie abgeriebene Schale der Limetten werden verwendet.

FLEISCH-
CURRYS

Fleisch ist eine wertvolle Zutat, daher sind Fleischgerichte in Indien etwas Besonderes. Man bekommt sie nicht in allen Restaurants.

Und wenn man welche bekommt, ist der Fleischanteil meist gering. Dennoch gibt es in Indien zahlreiche Zubereitungsarten für Fleisch, die mittlerweile in viele Küchen der Welt eingebunden wurden.

FLEISCHCURRYS

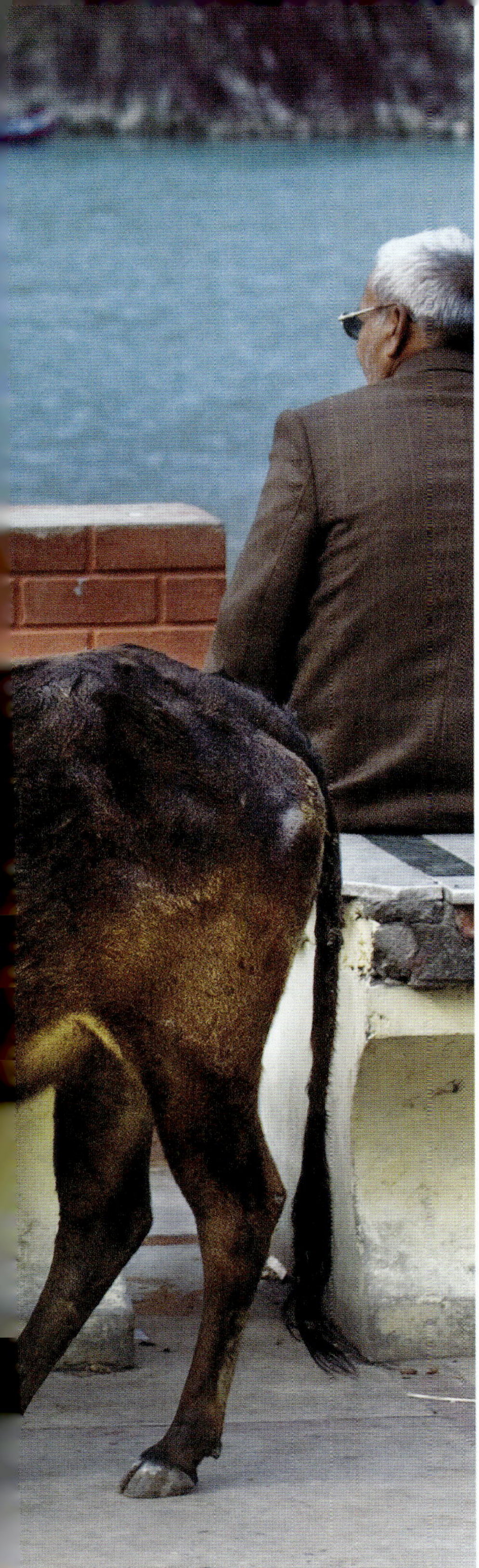

Den Hindus in Indien sind Kühe heilig, ihr Sanskrit-Name bedeutet: die Unantastbare. Und in alten Darstellungen erscheint die Kuh als Göttin. Es ist daher nichts Ungewöhnliches, dass überall im Land Kühe frei umherlaufen. Rindfleisch zu essen ist deshalb verpönt.

Dagegen ist Ziegenfleisch sehr beliebt, ganz besonders, wenn das Tier frisch geschlachtet wurde. Inder lieben Fleischstücke, an denen sich noch Knochen befinden, daher wird vielfach das Fleisch mit Knochen geschmort. Für die Menschen bedeutet es ein Vergnügen, das Fleisch mit den Fingern von den Knochen zu lösen. Wird jedoch mit Messer und Gabel gegessen, ist es besser, Fleisch ohne Knochen zu verwenden. Gerne werden in Fleischcurrys verschiedene Fleischsorten wie Muskelfleisch und Fleisch aus Bein oder Schulter und Markknochen mitgeschmort.

Statt Ziegenfleisch ist auch Lammfleisch beliebt, wird jedoch nur zu besonderen Gelegenheiten serviert.

Rindfleisch wird von indischen Muslimen und Christen gegessen.

Im Zuge der Ausbreitung der Curryzubereitung in andere Länder Asiens, nach Australien, Südafrika und in die Karibik wurde die Zubereitungsart der jeweiligen Landesküche angepasst. So wird Fleisch in thailändischen Currys sehr klein gewürfelt, da dort kein Messer zum Essbesteck gehört. Auch Hackfleisch findet man als Zutat in einem Curry.

Großbritannien ist das Geburtsland für Currys mit Hammelfleisch.

Für die Zubereitung von Fleischcurrys gibt es nur wenige Regeln. Jeder Landesteil hat seine spezielle Art und vor allem die eigene Gewürzmischung.

Die einfachste Zubreitung ist das Schmoren mit Zwiebeln und ganzen Gewürzen, oder mit Gemüse wie Kartoffeln, in Kokosmilch oder Orangensaft gegart oder mit Senfsamen und Curryblättern. Wichtig sind Chilis, Knoblauch und Ingwer, die Zugabe von Fenchelsamen, Bockshornklee, Zimtblättern, Zitronengras und Galgant variiert. In einigen Regionen wird das Fleisch vor dem Garen in einer Mischung aus Joghurt und Gewürzen mariniert.

LAMMCURRY
MIT MÖHREN

LAMMCURRY
MIT ZWIEBELN

LAMMCURRY
MIT WINTERKÜRBIS

LAMMCURRY
MIT AUBERGINEN

LAMMCURRY
MIT SPEISERÜBEN

LAMMCURRY
MIT WIRSINGKOHL

LAMMCURRY MIT SPINAT NORDINDIEN

Die Zwiebeln, Knoblauchzehen und den Ingwer schälen und hacken. Das Fleisch waschen, trocken tupfen und in mundgerechte Würfel schneiden. Die Tomaten vom Stielansatz befreien und würfeln. Den Spinat verlesen, waschen, abtropfen lassen und in Streifen schneiden.

Das Butterschmalz in einem Bräter erhitzen und Kreuzkümmel sowie Nelken darin anschmoren. Wenn sie zu springen beginnen, die Zwiebeln zugeben und glasig schmoren. Knoblauch und Ingwer 3 Minuten mitschmoren. Chilipulver, Kurkuma und 2 Tl Salz hinzufügen und unter Rühren schmoren, bis sie duften. Die Lammwürfel in den Bräter geben und 6 Minuten kräftig anbraten. Die Chilischoten putzen, längs aufschneiden und mit den Tomaten zum Fleisch geben. Lammfond angießen und das Fleisch bei geschlossenem Deckel und bei geringer Temperatur weich garen. Den Spinat untermischen und alles weitere 3 Minuten garen.

Garam masala hinzufügen, gut unterrühren, abschmecken und servieren.

* Die mit einem Sternchen versehenen Zutaten können ausgetauscht werden.
Gewürze und Kräuter je nach Belieben.

Für 4 Portionen
2 Zwiebeln*
4 Knoblauchzehen*
4 cm frische Ingwerwurzel*
800 g Lammkeule ohne Knochen
200 g Tomaten*
600 g frischer Spinat*
80 g Butterschmalz
2 Tl Kreuzkümmelsamen
2 Tl Nelken
2 Tl rotes Chilipulver
1 Tl Kurkumapulver
Salz
4 grüne Chilischoten
300 ml Lammfond*
1 1/2 Tl Garam masala (s. S. 225)

Zubereitungszeit: ca. 30 Minuten
(plus Schmor- und Garzeit))
Pro Portion ca. 712 kcal/2980 kJ
42 g E · 58 g F · 6 g KH

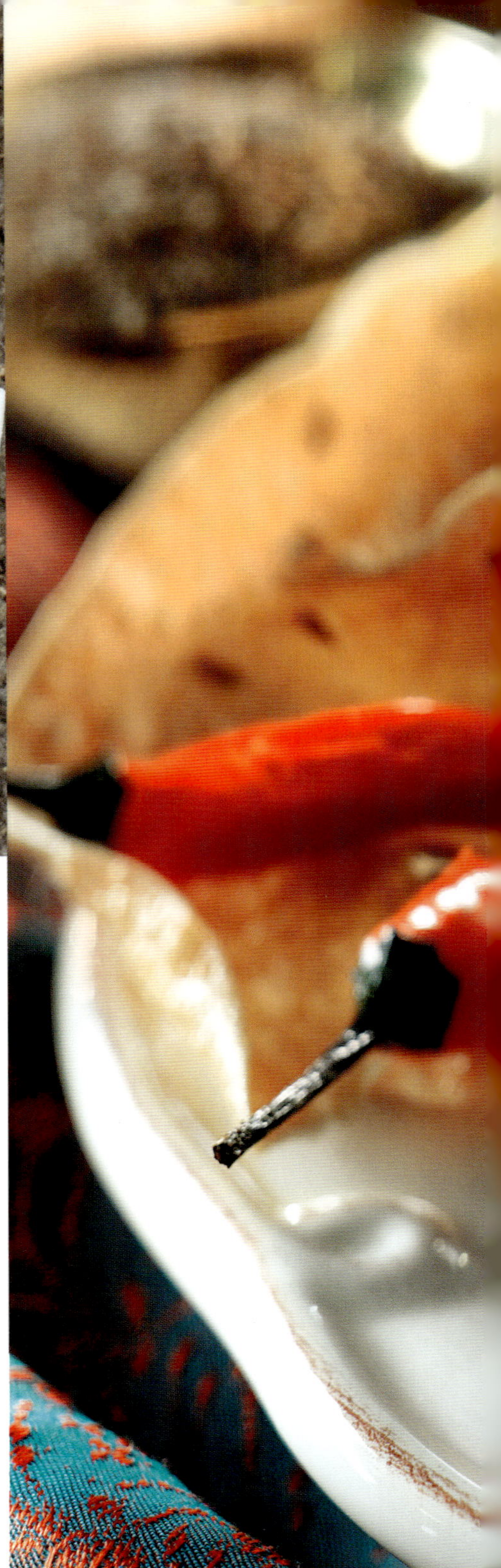

HACKFLEISCHCURRY INDIEN

Für 4 Portionen
2 Zwiebeln
4 Knoblauchzehen
4 cm Ingwerwurzel
3 El Ghee
2 Tl Kreuzkümmelpulver
1 El Korianderpulver
4 El Joghurt
900 g Lammhack
½ Tl Kurkumapulver
½ Tl Chilipulver
250 ml Orangensaft
1 El abgeriebene Schale von
1 unbehandelten Orange
Salz
2 grüne Chilischoten
1 Tl Garam masala (s. S. 225)
½ Bund Koriander

Zubereitungszeit: ca. 25 Minuten
(plus Schmor- und Garzeit)
Pro Portion ca. 645 kcal/2699 kJ
42 g E · 49 g F · 9 g KH

Die Zwiebeln, den Knoblauch und Ingwer schälen. Die Zwiebeln in Ringe schneiden, Knoblauch und Ingwer fein hacken.

Ghee in einem Bräter erhitzen und die Zwiebeln darin anbräunen. Kreuzkümmel und Koriander zugeben, Ingwer und Knoblauch einrühren und alles 1 Minute schmoren. Nach und nach den Joghurt zugeben und glatt rühren. Hackfleisch, Kurkuma- und Chilipulver zugeben und 5 Minuten kräftig anbraten. Orangensaft und -schale einrühren und mit 1 Tl Salz abschmecken. Das Hackfleisch bei geschlossenem Deckel und niedriger Temperatur etwa 35 Minuten köcheln.

Die Chilischoten putzen, entkernen und in dünne Ringe schneiden. Mit Garam masala unter das Hackfleisch rühren.

Koriander waschen, trocken schütteln und hacken. Vor dem Servieren unter das Gericht rühren.

Es gibt in Indien zwei Arten von KNOBLAUCH: junge Knoblauchsprösslinge mit kleinen Knollen und den Perlknoblauch, dessen Knolle perlengroß ist.

Knoblauch findet man in Indien in fast jeder Curryzubereitung. Die Knollen werden wie die Zwiebeln fein gehackt und im Fett angeschmort. Vor allem dann enthält ein Curry Knoblauch, wenn auch Ingwer enthalten ist. Denn die Inder meinen, Ingwer hebt den Blutdruck, Knoblauch senkt ihn, beide zusammen schaffen also einen Ausgleich.

JOGHURT wird in Indien fast immer zum Essen gereicht, entweder als Bindemittel in der Sauce, um ihr eine cremige Konsistenz und Volumen zu geben. Oder der Joghurt wird getrennt zum Essen gereicht.

Hergestellt wird der Joghurt meist von den Frauen selbst. Die lebenden Joghurtkulturen werden mit etwas warmer Milch vermischt und über Nacht stehen gelassen. Die hohen Temperaturen begünstigen die Joghurtentstehung.

RINDERCURRY MIT ROTEN BOHNEN INDIEN

Die Bohnen waschen und über Nacht in etwa 1 l Wasser einweichen. Bohnen im Einweichwasser aufkochen und abgedeckt bei geringer Temperatur etwa 1 Stunde garen. Abgießen und abtropfen lassen. Die Zwiebel, Knoblauchzehen und den Ingwer schälen. Die Zwiebel in dünne Ringe schneiden, Knoblauch hacken und Ingwer reiben. Das Gulasch waschen und trocken tupfen.

Das Öl in einem Bräter erhitzen und Lorbeerblätter, Zimt, Kardamom darin einige Sekunden braten. Zwiebel, Knoblauch und Ingwer zugeben und anbräunen. Das Fleisch hinzufügen und kräftig anbraten. Mit Kurkuma, Cayennepfeffer und 1 Tl Salz würzen und 3 Minuten weiterschmoren. Tomatenmark und 300 ml Wasser einrühren und das Fleisch bei geschlossenem Deckel und niedriger Temperatur in etwa 50 Minuten weich garen. Die Bohnen unterheben und weitere 10 Minuten garen. Mit Chapati servieren.

Für 4 Portionen

- 200 g Kidney-Bohnen
- 1 Zwiebel
- 2 Knoblauchzehen
- 1 cm Ingwerwurzel
- 800 g Rindergulasch
- 6 El Öl
- 2 Lorbeerblätter
- 1 kleine Zimtstange
- 3 Kardamomkapseln
- 1 Tl Kurkumapulver
- 1/2 Tl Cayennepfeffer
- Salz
- 2 El Tomatenmark

Zubereitungszeit: ca. 20 Minuten (plus Einweich-, Schmor- und Garzeit)
Pro Portion ca. 456 kcal/1907 kJ
40 g E · 31 g F · 4 g KH

SCHARFES LAMMCURRY NORDINDIEN

Für 4 Portionen
7 getrocknete rote Chilischoten
4 Zwiebeln
8 Knoblauchzehen
900 g Lammkeule ohne Knochen
1 1/2 Tl Nelken
150 g Ghee
250 g Joghurt
2 Tl Kreuzkümmelsamen
2 El Korianderpulver
1 Tl Cayennepfeffer
Salz
3 Curryblätter
6 grüne Kardamomkapseln
5 schwarze Kardamomkapseln
750 ml Lammfond
1/2 Bund frisch gehackter Koriander

Zubereitungszeit: ca. 30 Minuten (plus Schmor- und Garzeit)
Pro Portion ca. 965 kcal/4038 kJ
46 g E · 83 g F · 9 g KH

Die Chilischoten von den Stielen befreien, 4 Schoten beiseite legen, 3 Schoten in 125 ml Wasser einweichen. Die Zwiebeln und Knoblauchzehen schälen und hacken. Das Fleisch waschen, trocken tupfen und in 3 cm große Würfel schneiden. 4 Nelken und 1 El Ghee beiseite stellen.

Den Joghurt mit Kreuzkümmelsamen, Korianderpulver, Cayennepfeffer und 1 Tl Salz glatt rühren. Ghee in einem Bräter erhitzen. Restliche Nelken, Curryblätter und Kardamomkapseln darin schmoren, bis sie zu springen beginnen. Zwiebeln und Knoblauch zugeben und anbräunen. Die Lammwürfel in den Bräter geben und 3 Minuten unter Rühren anbraten. Eingeweichte Chilis abtropfen lassen, zum Fleisch geben und weitere 10 Minuten schmoren, bis das Fleisch Farbe annimmt. Den Würzjoghurt einrühren und einkochen. Fond angießen, aufkochen und das Fleisch abgedeckt etwa 60 Minuten weich schmoren.

Beiseite gestelltes Ghee in einem Topf erhitzen, 4 Nelken und restliche getrocknete Chilischoten darin 2 Minuten rösten, bis sie zu duften beginnen. Über das Curry geben. Mit gehacktem Koriander bestreut servieren.

CUVÉE ALEXANDRE, SYRAH, CASA LAPOSTOLLE, CACHAPOAL VALLEY (CHILE)

Von dunklem Rot und mit den intensiven Aromen von Schwarzer Johannisbeere und Gewürzen wirkt diese Cuvée am Gaumen ausgewogen, samtig, rund und sehr gut strukturiert.

SCHWEINEFLEISCH IN MASALASAUCE NORDINDIEN

Das Fleisch waschen, trocken tupfen und in Stücke schneiden. Mit 1 Tl Salz und Chilipulver bestreuen und etwas einziehen lassen.

Die Tomaten waschen, vom Stielansatz befreien und würfeln. Zwiebeln und Knoblauch schälen, Zwiebeln in Ringe schneiden, Knoblauch hacken. Die Kartoffeln schälen und in dünne Scheiben schneiden.

2 El Öl in einem Topf erhitzen und die Fleischstücke darin von allen Seiten gut anbraten. Aus der Pfanne nehmen und warm stellen.

Mildes Chilipulver, Kurkuma, Ingwer, Knoblauch und Tomaten miteinander mischen.

4 El Öl erhitzen und die Senfsamen darin zum Platzen bringen. Curryblätter und Zwiebelringe zugeben und 6 Minuten mitschmoren. Tomaten-Würzmischung hinzufügen und 4 Minuten schmoren. Das Fleisch zugeben, Tomatenmark, 1 Tl Salz und Zucker unterrühren und 200 ml Wasser angießen. 18–10 Minuten abgedeckt köcheln.

Kartoffelscheiben im restlichen Öl knusprig braten. Das Curry mit Garam masala würzen. Mit den Kartoffelscheiben und mit Koriander bestreut servieren.

Für 4 Portionen
800 g Schweinefleisch
Salz
1 Tl rotes Chilipulver
3 Tomaten
2 Zwiebeln
2 Knoblauchzehen
2 Kartoffeln
8 El Distelöl
1 1/2 El mildes Chilipulver
1 Tl Kurkumapulver
1 El frisch geriebener Ingwer
3 1/2 Tl Senfsamen
20 Curryblätter
2 El Tomatenmark
1 Tl Zucker
1 Tl Garam masala (s. S. 225)

Zubereitungszeit: ca. 30 Minuten
(plus Schmor- und Garzeit)
Pro Portion ca. 595 kcal/2493 kJ
48 g E · 28 g F · 37 g KH

ZIEGENCURRY KARIBIK

Für 4 Portionen
1 kg Ziegenfleisch ohne Knochen
3 Frühlingszwiebeln
3 Knoblauchzehen
2 Zwiebeln
2 cm Ingwerwurzel
2 rote Chilischoten
2 El Schnittlauchröllchen
2 El frisch gehackte Petersilie
2 El frisch gehackter Koriander
1 Tl Pimentpulver
3 El karibisches Currypulver
2 El Maiskeimöl
Salz
300 ml Kokosmilch
200 ml Fleischbrühe

Das Fleisch waschen und trocken tupfen. Die Frühlingszwiebeln putzen, waschen und klein schneiden. Die Hälfte der Knoblauchzehen schälen und fein hacken. 1 Chilischote putzen, entkernen und hacken. Frühlingszwiebeln, Kräuter, die Hälfte des Knoblauchs, Chili, Piment und 1 El Currypulver im Mixer zu einer Paste verarbeiten, das Fleisch damit einreiben und über Nacht durchziehen lassen. Am nächsten Tag das Fleisch in Würfel schneiden.

Die restlichen Knoblauchzehen, die Zwiebeln und den Ingwer schälen. Zwiebeln und Knoblauch fein hacken, den Ingwer reiben. Das Öl in einem Bräter erhitzen. Zwiebeln, Ingwer und Knoblauch darin anbräunen lassen. Das restliche Currypulver mit 3 El Wasser verrühren. Zur Zwiebelmischung geben und kurz mitschmoren. Die Fleischwürfel in den Bräter geben und von allen Seiten anbraten.

1 Tl Salz und die zweite Chilischote hinzufügen, Kokosmilch und Fleischbrühe angießen. Aufkochen und bei geschlossenem Deckel und niedriger Temperatur etwa 2 Stunden garen. Bei geöffnetem Deckel das Curry weitere 30 Minuten garen.

Zubereitungszeit: ca. 40 Minuten
(plus Zeit zum Durchziehen, Schmor- und Garzeit)
Pro Portion ca. 674 kcal/2637 kJ
79 g E · 38 g F · 5 g KH

TIPP:

Zu diesem Ziegencurry schmeckt am besten ein körniger Basmati- oder Duftreis.

RINDFLEISCHCURRY MIT SOJASPROSSEN UND PAPRIKA

SCHWEINEFLEISCHCURRY MIT BAMBUS UND TOMATEN

LAMMCURRY MIT BAMBUS UND TOMATEN

RINDFLEISCHCURRY MIT STANGENSELLERIE UND CASHEW

RINDFLEISCHCURRY MIT BAMBUS UND PILZEN

RINDFLEISCHCURRY MIT BAMBUS UND MÖHREN

RINDFLEISCHCURRY MIT BAMBUS UND TOMATEN SÜDOSTASIEN

Die Chilischote putzen, halbieren, die Kerne entfernen und die Schote in Ringe schneiden. Die Schalotten schälen und in Ringe schneiden. Paprikaschote putzen, waschen, entkernen und würfeln. Das Fleisch waschen, trocken tupfen und in Würfel schneiden. Die Bambussprossen in einem Sieb abtropfen lassen. Die Tomaten waschen, vom Stielansatz befreien und würfeln.

Das Öl in einer Pfanne erhitzen und die Currypaste unter Rühren darin anbraten.

Die Fleischwürfel zugeben und unter Rühren gut anbraten. Chili, Paprika, Tomaten, Bambussprossen und Kichererbsen zugeben und 3 Minuten mitschmoren.

Kokosmilch und 150 ml Wasser angießen, aufkochen und bei geschlossenem Deckel und niedriger Temperatur etwa 60 Minuten garen. Mit Sojasauce und Zucker abschmecken.

* Die mit einem Sternchen versehenen Zutaten können ausgetauscht werden. Gewürze und Kräuter je nach Belieben.

Für 4 Portionen
1 rote Chilischote*
2 Schalotten*
1 gelbe Paprikaschote*
800 g Rindfleisch*
140 g Bambussprossen aus der Dose*
3 Tomaten*
2 El Erdnussöl*
2 El rote Currypaste (s. S. 220)*
250 g gegarte Kichererbsen*
200 ml Kokosmilch*
1 El helle Sojasauce*
1 El Rohrzucker

Zubereitungszeit: ca. 20 Minuten (plus Schmor- und Garzeit)
Pro Portion ca. 488 kcal/2048 kJ
57 g E · 13 g F · 36 g KH

FLEISCH IN KNOBLAUCH-JOGHURT-SAUCE KASCHMIR

Für 4 Portionen
je 400 g Lamm- und Rindfleisch
300 g Suppenknochen
4 Knoblauchzehen
Salz
250 g Schalotten
2 Tl Chilipulver
je 1 Tl geröstete Koriander- und Fenchelsamen
1 El frisch geriebener Ingwer
125 ml Joghurt
4 El Ghee
4 Nelken
2 schwarze Kardamomkapseln
4 grüne Kardamomkapseln
2 Lorbeerblätter
1 Muskatblüte
$\frac{1}{2}$ Tl Kurkuma

Zubereitungszeit: ca. 25 Minuten
(plus Schmor- und Garzeit)
Pro Portion ca. 352 kcal/1471 kJ
46 g E · 17 g F · 3 g KH

Das Fleisch und die Knochen waschen und trocken tupfen. Die Knoblauchzehen schälen und grob hacken. Fleisch, Knochen, Knoblauch und 1 $\frac{1}{2}$ l Wasser aufkochen, mit $\frac{1}{2}$ Tl Salz würzen und 25 Minuten kochen. Das Fleisch aus der Brühe nehmen, Brühe durch ein Sieb gießen und beiseite stellen. Knochen wegwerfen.

Die Schalotten schälen und hacken. Chilipulver mit den gerösteten Samen, Ingwer und etwas Wasser im Mixer zu einer Paste verarbeiten. Den Joghurt glatt rühren.

Ghee in einer Pfanne erhitzen und die Schalotten darin anbräunen. Nelken, Kardamomkapseln, Lorbeerblätter und Muskatblüte zugeben. 1 Minute mitschmoren. Die Würzpaste mit Kurkuma und 2 El Wasser hinzufügen und unter Rühren auflösen. Fleisch in die Pfanne geben, 7 Minuten schmoren, den Joghurt einrühren und das Fleisch weitere 5 Minuten schmoren.

1 l Fleischbrühe angießen und das Curry mit Salz abschmecken. Das Fleisch in etwa 60 Minuten zu Ende garen.

GHEE ist in einigen Teilen Indiens das beliebteste Fett zum Kochen. Die geklärte Butter entsteht, wenn Butter geschmolzen wird und für einige Zeit flüssig bleibt. Das Wasser verdunstet, geronnenes Eiweiß setzt sich am Boden ab. Der Schaum wird abgenommen und die Flüssigkeit gefiltert, was übrigbleibt, ist die geklärte Butter.

Sie schmeckt als Kochfett am besten und ist sehr nahrhaft. Ersatzweise kann Butterschmalz verwendet werden.

NELKEN werden Fleischgerichten ganz zugegeben, können aber auch zusammen mit Reis gekocht werden. In einigen Würzmischungen für Garam masala finden sich gemahlene Nelken zusammen mit schwarzem Kardamom. Botanisch handelt es sich um die ungeöffneten getrockneten Knospen des Nelkenbaumes.

LAMMCURRY MIT ZITRONENGRAS VIETNAM

Das Lammfleisch waschen, trocken tupfen und in Würfel schneiden. Das Zitronengras putzen, das untere Ende entfernen, das Gras fein hacken. Die Schalotten schälen und hacken. Die Chilischoten putzen, entkernen und in feine Ringe schneiden.

Die Fleischwürfel mit Zitronengras, Schalotten, Chili, Soja- und Fischsauce, Pfeffer, 1 El Öl, Currypulver und Zucker vermischen und 2 Stunden kühl durchziehen lassen.

Das restliche Öl in einer Pfanne erhitzen. Die Zwiebeln schälen, in Ringe schneiden und darin glasig schmoren. Die Fleischwürfel mit der Marinade hinzufügen und unter Rühren anbraten. Brühe angießen, 50 Minuten garen und mit Koriander bestreut servieren.

Für 4 Portionen

400 g Lammfleisch
1 Zitronengrasstängel
2 Schalotten
2 grüne Chilischoten
1 El helle Sojasauce
2 Tl Fischsauce
schwarzer Pfeffer
1 Tl Zucker
4 El Erdnussöl
½ Tl Currypulver
2 Zwiebeln
200 ml Fleischbrühe
5 El frisch gehackter Koriander

Zubereitungszeit: ca. 20 Minuten
(plus Marinier- und Schmorzeit)
Pro Portion ca. 385 kcal/1613 kJ
23 g E · 31 g F · 4 g KH

TIPP:

Meist müssen beim Zitronengras die äußeren, harten Blätter entfernt werden. Sie sind nicht genießbar. Wenn Sie ganz junges und frisches Zitronengras mit weichen Blättern bekommen, können Sie es auch im Ganzen verwenden.

ROTES SCHWEINECURRY MIT PAK CHOI

THAILAND

Die Chilischoten putzen, nach Bedarf Kerne entfernen, die Schoten hacken. Mit Salz, Galgant, Zitronengras, Frühlingszwiebeln, Knoblauch und Ingwer sowie 3 El Wasser im Mixer zu einer Paste verarbeiten.

Das Fleisch waschen, trocken reiben und in Streifen schneiden. Die Paprikaschote putzen, entkernen und würfeln. Den Pak Choi putzen, waschen, abtropfen lassen und in Streifen schneiden.

Das Öl in einer Pfanne erhitzen und 2 1/2 El Würzpaste darin unter Rühren anschmoren. Die Fleischstreifen hinzufügen und 3 Minuten braten. Etwas Brühe angießen und 5 Minuten köcheln. Fischsauce, restliche Brühe zugeben und das Fleisch in ca. 40 Minuten weich garen.

Das Gemüse zum Fleisch geben und alles weitere 10 Minuten garen. Nach Bedarf noch etwas Wasser angießen. Mit gehackter Petersilie bestreut servieren.

Für 4 Portionen
8 rote Chilischoten
Salz
1 El gehackter Galgant
1 El gehacktes Zitronengras
1 El gehackte Frühlingszwiebeln
1 El gehackter Knoblauch
1/2 El gehackter Ingwer
150 g Schweineschnitzel
1 rote Paprikaschote
200 g Pak Choi
3 El Öl
500 ml Gemüsebrühe
5 El Fischsauce
2 El frisch gehackte Petersilie

Zubereitungszeit: ca. 30 Minuten
(plus Schmor- und Garzeit)
Pro Portion ca. 149 kcal/624 kJ
11 g E · 9 g F · 6 g KH

Der chinesische Senfkohl PAK CHOI ist geschmacklich dem Chinakohl vergleichbar. Er hat ein würziges Aroma und sehr wenige Kalorien. Seine fleischigen Stängel werden am besten in wenig Salzwasser gegart und schmecken auch nur mit Butter. Pak Choi passt zu Fleischgerichten mit Rind- oder Lammfleisch.

Je größer die Früchte der PAPRIKA sind, desto milder sind sie im Geschmack. Die kleinen roten Schoten sind die Pfefferschoten oder Chilis. Die Schärfe liegt vor allem in Kernen und Innenhäuten. In die großen Schoten – botanisch eigentlich Beeren – kann man also ganz beruhigt roh hineinbeißen.

LOCAL / FAX
ISD
LOCAL
PCO

GRÜNES CURRY MIT KORIANDER BHOPAL, WESTINDIEN

Das Fleisch waschen, trocken tupfen und in 8 Stücke schneiden. Den Koriander waschen, trocken schütteln und sehr fein hacken oder in der Küchenmaschine zerkleinern. Die Zwiebeln, den Knoblauch und Ingwer schälen und im Mixer zu einer Paste verarbeiten.

Die saure Sahne mit dem Koriander mischen und glatt rühren. Die Samen im Mörser zerstoßen. Die Chilischoten putzen und die Hälfte der zerstoßenen Gewürze hineinfüllen. Den Rest beiseite stellen.

Das Öl in einer Pfanne erhitzen und die Chilischoten darin etwa 5 Minuten braten. Die Zwiebel-Knoblauch-Paste zugeben und 7 Minuten mitschmoren. Die restlichen zerstoßenen Gewürze hinzufügen und bei geringer Temperatur etwa 1 Minute schmoren. Die Koriandersahne unter Rühren zufügen. Die Fleischstücke in die Pfanne geben, mit der Würzmischung überziehen und bei geschlossenem Deckel etwa 45 Minuten schmoren. Mit Salz abschmecken.

Für 4 Portionen
800 g Lammfleisch
1 Bund Koriander
5 rote Zwiebeln
3 Knoblauchzehen
3 cm Ingwerwurzel
250 g saure Sahne
1 1/2 Tl Fenchelsamen
1 je 1 Tl Kreuz- und Schwarzkümmelsamen
1 Tl Senfsamen
8 grüne Chilischoten
4 El Öl
Salz

Zubereitungszeit: ca. 30 Minuten
(plus Schmor- und Garzeit)
Pro Portion ca. 416 kcal/1734 kJ
44 g E · 24 g F · 6 g KH

LAMMRÖLLCHEN MIT KARDAMOM UND TOMATEN DELHI, NORDINDIEN

6 Kardamomsamen aus den Kapseln lösen und im Mörser zerstoßen. Mit gemahlenem Fenchel und Ingwer, Chilipulver, Lammhack, dem Ei und 1 El Öl zu einem glatten Teig verarbeiten. Mit Salz abschmecken. Aus dem Teig etwa 20 Teigröllchen formen. Kühl stellen.

Zwiebeln und Knoblauch schälen, die Chilischoten putzen, entkernen und in dünne Ringe schneiden.

Das restliche Öl in einem großen Topf erhitzen und Zimtblätter, -stange und restliche Kardamomkapseln darin anschmoren. Wenn die Blätter Farbe annehmen, Pfefferkörner und Nelken mitschmoren. Dann die Zwiebeln darin anbräunen.

Die Hackröllchen mit Knoblauch und Chilis in den Topf legen und bei niedriger Temperatur etwa 20 Minuten braten. Die Gewürze dürfen nicht am Topfboden haften, evtl. Wasser zugeben.

Inzwischen die Tomaten vom Stielansatz befreien, häuten, entkernen und würfeln. Die restlichen Gewürze in den Topf rühren und weitere 5 Minuten schmoren. Die Tomatenwürfel mit etwas Wasser zugeben und 5 Minuten schmoren. Fond oder Brühe angießen, 15 Minuten köcheln, dann den glatt gerührten Joghurt einrühren. Abschmecken und servieren.

Für 4 Portionen
7 schwarze Kardamomkapseln
1 1/2 Tl gemahlener Fenchel
1 Tl gemahlener Ingwer
1 Tl Chilipulver
600 g Lammhackfleisch, sehr fein gehackt
1 Ei
6 El Öl
Salz
3 Zwiebeln
2 Knoblauchzehen
6 grüne Chilischoten
2 Zimtblätter
1 Zimtstange
8 Pfefferkörner
5 Nelken
3 Tomaten
1/2 Tl Kurkuma
1 Tl Korianderpulver
1 Tl Garam masala (s. S. 225)
500 ml Lammfond oder Brühe
3 El Joghurt

Zubereitungszeit: ca. 40 Minuten
(plus Schmor-, Brat- und Kochzeit)
Pro Portion ca. 547 kcal/2289 kJ
30 g E · 45 g F · 5 g KH

SCHWEINEFLEISCH
IN ROTER CURRYSAUCE

SCHWEINEFLEISCH IN
GRÜNER CURRYSAUCE

SCHWEINEFLEISCH
IN KOKOS-CURRYSAUCE

RINDFLEISCH
IN SCHARFER SAUCE

LAMMFLEISCH
IN SCHARFER SAUCE

ZIEGENFLEISCH
IN SCHARFER SAUCE

SCHWEINECURRY IN SCHARFER SAUCE

GOA, WESTINDIEN

Kreuzkümmel, Kardamom und Pfefferkörner fein mahlen. Die Knoblauchzehen schälen und hacken. Die Chilischote putzen und hacken. Den Ingwer schälen und hacken. Die gemahlenen Gewürze mit Chili, Ingwer, Nelken-, Zimtpulver, Limettensaft und der Hälfte der Knoblauchzehen im Mixer zu einer Paste verarbeiten.

Das Fleisch waschen, trocken tupfen und in mundgerechte Würfel schneiden. Mit der Würzpaste vermischen und abgedeckt 2 Stunden durchziehen lassen.

Inzwischen die Zwiebeln schälen und in Ringe schneiden. Die Tomaten waschen, vom Stielansatz befreien und würfeln.

Das Öl in einer Pfanne erhitzen und die Zwiebelringe darin anbräunen. Den restlichen Knoblauch zugeben und 1 Minute mitschmoren. Tomatenwürfel, Kurkuma, Currypulver, Tomatenmark, Wein hinzufügen. Die marinierten Fleischwürfel in die Pfanne geben, salzen und von allen Seiten gut anbraten. 250 ml Wasser angießen und das Fleisch bei mittlerer Temperatur etwa 30 Minuten garen. Mit Salz und Pfeffer abschmecken. Mit Koriander bestreut servieren.

* Die mit einem Sternchen versehenen Zutaten können ausgetauscht werden. Gewürze und Kräuter je nach Belieben.

Für 4 Portionen
1 Tl Kreuzkümmelsamen*
4 grüne Kardamomkapseln*
5 schwarze Pfefferkörner*
8 Knoblauchzehen
1 grüne Chilischote
2 cm Ingwerwurzel
1/4 Tl Nelkenpulver*
1 Tl Zimtpulver*
3 El Limettensaft*
800 g Schweinefleisch*
2 Zwiebeln*
3 Tomaten*
1 El Öl
1 Tl Kurkuma*
1/2 Tl Currypulver*
1 Tl Tomatenmark*
3 El Weißwein*
Salz
Pfeffer
frisch gehackter Koriander zum Bestreuen*

Zubereitungszeit: ca. 25 Minuten
(plus Marinier-, Schmor- und Garzeit)
Pro Portion ca. 241 kcal/1005 kJ
45 g E · 4 g F · 5 g KH

RINDERCURRY SÜDWESTINDIEN

Für 4 Portionen
3 cm Ingwerwurzel
3 Knoblauchzehen
100 g frisch geriebene Kokosnuss
3 Nelken
2 Zimtblätter
20 Curryblätter
5 schwarze Pfefferkörner
1 Tl Zimtpulver
5 rote Zwiebeln
750 g Rindfleisch
5 El Öl
1 El Korianderpulver
½ Tl Kurkuma
½ Tl Chilipulver
Salz
½ Tl Bockshornkleesamen
2 grüne Chilischoten

Zubereitungszeit: ca. 20 Minuten (plus Schmor- und Garzeit)
Pro Portion ca. 474 kcal/1985 kJ
42 g E · 32 g F · 5 g KH

Ingwer und Knoblauch schälen und fein hacken. Mit Kokos, Nelken, Zimt- und 10 Curryblättern, Pfefferkörnern und Zimtpulver in einer Pfanne rösten, bis es zu duften beginnt. Die Pfanne vom Herd nehmen und die Gewürze abkühlen lassen. Anschließend im Mixer mit 250 ml Wasser zu einer Paste verarbeiten.

Die roten Zwiebeln schälen und fein hacken. Das Fleisch waschen, trocken tupfen und in Würfel schneiden.

3 El Öl in einer Pfanne erhitzen und die Zwiebeln darin anbräunen. Die Würzpaste, Koriander, Kurkuma, Chilipulver, Salz und 400 ml Wasser zugeben und aufkochen. Die Fleischwürfel in die kochende Flüssigkeit geben und bei geschlossenem Deckel etwa 30 Minuten garen.

Das restliche Öl in einer zweiten Pfanne erhitzen und die Bockshornkleesamen darin zum Platzen bringen. Die restlichen Curryblätter und die längs aufgeschnittenen Chilischoten hinzufügen und 2 Minuten schmoren. Diese Mischung über das gegarte Fleisch geben und alles weitere 25 Minuten köcheln. Die Chilischoten wieder entfernen und sofort servieren.

DE TOREN „Z",
DE TOREN, STELLENBOSCH, SÜDAFRIKA

Aromen von Pflaumen und Blaubeeren mit erfrischender, harmonischer Säure. Weiche, runde Tannine – ein eleganter Wein zu Rindfleischgerichten.

CURRYBLÄTTER sind ein beliebtes Gewürz in der west- und südindischen Küche. Je später sie einem Gericht zugegeben werden (mindestens 5 Minuten vor Garzeitende), desto intensiver entfalten sie ihr Aroma. Frisch sind sie aromatischer als getrocknet.

ZWIEBELN werden fein gehackt und damit zum Binden eines Currys verwendet, das nicht viel Sauce enthält. Rote Zwiebeln sind feiner im Geschmack als weiße.

LAMMSCHULTER MIT GARAM MASALA INDIEN

Das Fleisch waschen und mit Salz und Pfeffer einreiben. Den Ingwer schälen, hacken und mit etwas Wasser pürieren.

Muskat, Muskatblüte, Fenchel, Zimtblätter und -stange fein mahlen. Den Backofen auf 160 °C (Umluft 140 °C) vorheizen.

Das Öl in einem Bräter erhitzen und das Fleisch darin von allen Seiten gut anbraten. Fleisch aus dem Bräter nehmen. Ingwerpaste im Bratfett unter Rühren 6 Minuten schmoren. Curry- und Chilipulver zugeben. Die Röstzwiebeln mit den gemahlenen Gewürzen, Salz und 500 ml Wasser in den Bräter geben und das Fleisch hineinlegen. Aufkochen und bei geschlossenem Deckel im Backofen etwa 1 Stunde 30 Minuten garen.

Die grünen Chilischoten putzen und in dünne Ringe schneiden. Die Bratensauce mit Salz und Pfeffer abschmecken, den Joghurt einrühren. Das Fleisch in Scheiben schneiden und mit Chiliringen und Zitronenspalten garniert servieren.

Für 4 Portionen

- 900 g Lammschulter
- Salz
- Pfeffer
- 7 cm Ingwerwurzel
- 1/2 Muskatnuss
- 1/2 El zerstoßene Muskatblüte
- 1 El Fenchelsamen
- 2 Zimt- oder Lorbeerblätter
- 1 Zimtstange
- 8 El Öl
- 2 Tl Currypulver
- 1 El Chilipulver
- 2 El Röstzwiebeln
- 2 grüne Chilischoten
- 3 El Joghurt
- Zitronenspalten zum Garnieren

Zubereitungszeit: ca. 20 Minuten
(plus Schmor- und Garzeit)
Pro Portion ca. 465 kcal/1941 kJ
48 g E · 30 g F · 3 g KH

LAMM-KARTOFFEL-CURRY INDIEN

Für 4 Portionen
750 g Lammkeule
2 Kartoffeln
4 grüne Chilischoten
300 g frische Kokosraspel
½ Tl schwarze Pfefferkörner
¼ Tl Kreuzkümmelsamen
2 Tl Chana Dal (halbierte gelbe Erbsen)
½ Tl Koriandersamen
4 El Öl
2 Sternanis
1 Zimtstange
4 grüne Kardamomkapseln
10 Curryblätter
Salz

Zubereitungszeit: ca. 30 Minuten
(plus Einweich-, Schmor- und Garzeit)
Pro Portion ca. 1021 kcal/4270 kJ
39 g E · 90 g F · 13 g KH

Das Fleisch waschen, trocken tupfen und in Würfel schneiden. Im Dampfkochtopf mit 400 ml Wasser fast weich garen, abgießen. Die Kartoffeln waschen, schälen und ebenfalls würfeln. Die Chilis putzen, vom Stielansatz befreien und mit einem Messer längs aufschneiden.

Die Kokosraspel in 400 ml warmem Wasser einweichen. Abgießen und gut ausdrücken. Diesen Vorgang noch zweimal wiederholen, dabei aber nur 200 ml Wasser verwenden. Die entstehende Milch jeweils getrennt auffangen.

Pfefferkörner, Kreuzkümmelsamen, Dal und Koriander in einer Pfanne ohne Fett rösten, bis sie duften, dann abkühlen lassen und mahlen.

Das Öl in einer Pfanne erhitzen und Sternanis, Zimtstange, Kardamomkapseln darin 2 Minuten schmoren. Fleisch, Kartoffelwürfel, Curryblätter und Chilischoten zugeben und das Gewürzpulver unter Rühren einstreuen.

Den dritten Kokosnussextrakt zugießen, aufkochen und bei geringer Temperatur etwa 12 Minuten köcheln. Den zweiten Kokosnussextrakt zugießen und weiter köcheln, bis Fleisch und Kartoffeln weich sind.

Den ersten Kokosextrakt unterrühren und mit Salz abschmecken. Weitere 2 Minuten erhitzen und mit Brot servieren.

„LES CORNUDS" CÔTE-DU-RHÔNE-VILLAGE VINSOBRE AOC, PERRIN & FILS, RHÔNE (FRANKREICH)

Klare Aromen von Kirschen, Schwarzen Johannisbeeren, Lakritze und Kräuter geben der sehr schmackhaften Rebsortencuvée aus Grenach, Syrah, Cinsault und Mouvèdre mit wenig Säure eine beträchtliche Konzentration, eine vielschichtige Textur und ein lang anhaltendes Finale.

RINDFLEISCHCURRY MIT ERDNÜSSEN THAILAND

Das Fleisch waschen, in 500 ml Kokosmilch und der Brühe mit Pandanus und Basilikum in einem Topf aufkochen und etwa 1 Stunde weich garen. Dann Fleisch aus der Flüssigkeit nehmen, abtropfen lassen. Kochsud für Suppen weiterverwenden. Das Fleisch dann in etwa 1,5 cm lange Streifen schneiden.

Die Kokoscreme in einem Topf erhitzen. 2 1/2 El Erdnüsse fein mahlen und mit der Currypaste mischen. Mit 1 Prise Muskatnuss zur Kokoscreme geben und unter Rühren 8 Minuten schmoren. Fischsauce zugeben und mit Zucker nach Belieben abschmecken.

Nach und nach restliche Kokosmilch in kleinen Portionen einrühren und jeweils einkochen lassen. Mit Chilipulver und Muskatnuss pikant abschmecken. Chilischoten putzen und schräg in Ringe schneiden. Zusammen mit den restlichen Erdnüssen über das Curry streuen.

Für 4 Portionen
300 g Rindfleisch zum Kochen (ohne Fett)
650 ml Kokosmilch
500 ml Fleischbrühe
1 Pandanusblatt
2 Stängel Thai-Basilikum
120 ml Kokoscreme
5 El geröstete, gehackte Erdnüsse
4 El rote Currypaste (s. S. 220)
geriebene Muskatnuss
3 El Fischsauce
Zucker
1/2 Tl Chilipulver
2 rote Chilischoten

Zubereitungszeit: ca. 20 Minuten (plus Koch- und Schmorzeit)
Pro Portion ca. 289 kcal/1209 kJ
32 g E · 15 g F · 8 g KH

SCHARFES SCHWEINE-CURRY SÜDINDIEN

Die Chilischoten putzen, den Stielansatz und nach Belieben Kerne und weiße Innenhäute entfernen. Knoblauch und Ingwer schälen und grob hacken. Chili mit Knoblauch, Ingwer und den restlichen Gewürzen sowie Tamarinde und Zitronensaft im Mixer zu einer Paste verarbeiten. Nach Belieben noch etwas Wasser zugeben.

Das Fleisch waschen, trocken tupfen und würfeln. Mit etwas Würzpaste einreiben und 30 Minuten einziehen lassen. Die Zwiebel schälen und hacken. Das Öl in einem Topf erhitzen und die Zwiebeln darin anbräunen. Restliche Würzpaste und 2 El Wasser zugeben und unter Rühren einige Minuten mitschmoren.

Die Fleischwürfel in den Topf geben und gut anbraten. 1 l Wasser angießen, salzen und bei niedriger Temperatur etwa 40 Minuten köcheln. Anschließend Tomatenmark und Curryblätter zugeben und weitere 4 Minuten köcheln. Die Speisestärke mit etwas Wasser glatt rühren und das Curry damit andicken.

Für 4 Portionen
18 rote Chilischoten
6 Knoblauchzehen
5 cm Ingwerwurzel
1 Tl Kreuzkümmelsamen
6 Nelken
1/2 Zimtstange
10 schwarze Pfefferkörner
1/4 Sternanis
1 Tl Mohnsamen
1 El Tamarinde
4 Tl Zitronensaft
800 g Schweinefleisch
3 Zwiebeln
4 El Öl
Salz
2 El Tomatenmark
12 Curryblätter
1–2 El Speisestärke

Zubereitungszeit: ca. 30 Minuten
(plus Marinier-, Schmor- und Kochzeit)
Pro Portion ca. 361 kcal/1508 kJ
47 g E · 14 g F · 11 g KH

KARIBISCHES RINDFLEISCHCURRY
MIT OKRASCHOTEN

KARIBISCHES RINDFLEISCHCURRY
MIT YAMSWURZWEL

KARIBISCHES RINDFLEISCHCURRY
MIT GRÜNEN BOHNEN

KARIBISCHES RINDFLEISCHCURRY
MIT SÜSSKARTOFFEL

KARIBISCHES
ZIEGENFLEISCHCURRY

KARIBISCHES
SCHWEINEFLEISCHCURRY

KARIBISCHES RINDFLEISCHCURRY TRINIDAD

Die Zwiebeln und Knoblauchzehen schälen und hacken. Die Frühlingszwiebeln putzen, waschen und weiße wie hellgrüne Teile in Ringe schneiden. Chilis putzen, entkernen und hacken. Zwiebeln mit der Hälfte des Knoblauchs, Chili, Kräuter, Ingwer, Salz und Pfeffer und 2 El Wasser im Mixer zu einer Paste verarbeiten. Das Fleisch waschen, trocken tupfen und mit der Paste einreiben. 1 Stunde 30 Minuten abgedeckt durchziehen lassen. Anschließend das Fleisch in Würfel schneiden.

Das Öl in einem Topf erhitzen und die Senfsamen darin platzen lassen. Restlichen Knoblauch zugeben und anschmoren. Das Currypulver einrühren. Die marinierten Fleischwürfel in den Topf geben und unter Rühren anbraten. Die Fleischbrühe angießen und mit Salz, Kreuzkümmel und Piment würzen.

Bei geschlossenem Deckel etwa 1 Stunde 20 Minuten garen. Kurz vor Ende der Garzeit Garam masala einrühren. Die Sauce dick einkochen lassen.

* Die mit einem Sternchen versehenen Zutaten können ausgetauscht werden. Gewürze und Kräuter je nach Belieben.

Für 4 Portionen
3 Zwiebeln*
4 Knoblauchzehen
2 Frühlingszwiebeln*
3 rote Habanero-Chilis*
2 El frisch gehackte Petersilie*
2 El frisch gehackter Thymian*
1/2 Tl gemahlener Ingwer
Salz
Pfeffer
600 g Rindfleisch*
3 El Öl
1/2 Tl Senfsamen*
1 El Currypulver*
900 ml Fleischbrühe
1/2 Tl Kreuzkümmel
1/4 Tl Pimentpulver*
1 Tl Garam masala (s. S. 225)

Zubereitungszeit: ca. 30 Minuten
(plus Marinier-, Schmor- und Garzeit)
Pro Portion ca. 447 kcal/1596 kJ
54 g E · 23 g F · 7 g KH

LAMM MIT PFEFFERMINZE

ASIEN

Für 4 Portionen
1 kg Lammschulter
Salz, Pfeffer
2 Zweige rote Pfefferminze
3 Knoblauchzehen
1 Schalotte
Schale von 1/4 unbehandelten Limette
Schale von 1/4 unbehandelten Orange
3 Stängel Thai-Basilikum
2 El Öl
3 El Currypulver
400 ml Kokoscreme
200 ml Lammfond
2 El Mehl
1 rote und grüne Chili
2 El Pfefferminzblätter

Zubereitungszeit: ca. 20 Minuten (plus Zeit zum Durchziehen, Schmor- und Garzeit)
Pro Portion ca. 678 kcal/2835 kJ
47 g E · 51 g F · 7 g KH

Das Fleisch waschen, trocken tupfen und in Würfel schneiden. Mit Salz und Pfeffer würzen. Pfefferminzblättchen abzupfen und fein hacken. 2 Knoblauchzehen schälen und hacken. Beides zum Fleisch geben, vermischen und durchziehen lassen.

Die letzte Knoblauchzehe und die Schalotte schälen und fein hacken. Je 1 Tl Limetten- und Orangenschale reiben, restliche Schale in sehr feine Streifen hobeln. Basilikum waschen, trocken schütteln und die Blättchen in Streifen schneiden.

Das Öl in einem Topf erhitzen und Zwiebel mit Knoblauch darin anbräunen. Die Fleischwürfel zugeben und kräftig anbraten. Currypulver und Kokoscreme einrühren, Lammfond angießen und etwa 60 Minuten köcheln. Das Mehl in etwas Wasser anrühren und die Sauce damit andicken.

Geriebene Zitrusschale und Basilikum unterrühren und erhitzen. Die Chilischoten putzen, entkernen und in dünne Streifen schneiden. Das Curry mit Chilistreifen und Pfefferminzblättern garniert servieren.

CHILIS sind in indischen Currys wie auch in Speisen anderer asiatischer Länder eine sehr beliebte Zutat. Frische grüne und rote Chilischoten werden meist zusammen verwendet, um die Gerichte farblich aufzuwerten. Auch liefern die roten Schoten mehr Schärfe, vor allem, wenn sie erst zum Schluss beigegeben werden. Einzige Ausnahme ist die rote Kaschmir-Chilischote, die eher mild ist. Indien ist übrigens der weltweit größte Chiliproduzent.

ORANGEN, ob als Saft oder abgeriebene Schale, geben Gerichten stets eine frische, leicht exotische und säuerliche Note. In Verbindung mit scharfen Gewürzen ergibt sich eine interessante Geschmackskombination. In der Orangenschale ist das ätherische Orangenöl enthalten, das auch für den intensiven Geruch verantwortlich ist. Orangenschale wird in Fleisch- und Geflügelgerichten und in vielen Süßspeisen und Getränken verwendet.

HISENDA MIRET, PARÉS BALTÀ, PENEDÈS (SPANIEN)

Nicht nur das kräftige Rot mit violetten Reflexen, auch die frischen Beerenaromen und floralen Nuancen unterstreichen den intensiven Geschmack des Lammfleisches. Der Wein ist würzig am Gaumen mit gut eingebundenem Holz.

LAMM IN ROTEM CURRY MIT SAFRAN NORDINDIEN

Das Fleisch waschen und in kochendem Wasser etwa 20 Minuten garen. Abgießen, abtropfen lassen und nach dem Abkühlen Knorpel entfernen.

Zwiebeln, Knoblauch und Ingwer schälen und hacken. Die Kardamomsamen aus den Kapseln holen und im Mörser zerstoßen.

Ghee in einem großen Topf erhitzen. Kardamom und Zimtstange darin anbraten. Zwiebeln zugeben und anbräunen, Knoblauch und Ingwer einrühren und 2 Minuten schmoren. Die Currypaste einrühren und die gemahlenen Gewürze hinzufügen. 3 Minuten schmoren.

Den Joghurt unterrühren und erhitzen. Tomatenmark und 5 El Wasser einrühren und mit Salz abschmecken.

Die Lammhaxen in die Sauce legen und bei geschlossenem Deckel etwa 2 Stunden garen, bis sie weich sind. Während des Garens den Fond nach und nach angießen.

Haxen aus der Sauce nehmen und warm stellen. Sauce entfetten, durchsieben und Garam masala und Safranfäden einrühren. Aufkochen und Milch einrühren. Haxen in der Sauce servieren.

Für 4 Portionen
- 4 Lammhaxen
- 2 Zwiebeln
- 2 Knoblauchzehen
- 2 cm Ingwerwurzel
- 2 schwarze Kardamomkapseln
- 3 El Ghee
- 2 Zimtstangen
- 1 El rote Currypaste (s. S. 220)
- 1/2 Tl gemahlene Fenchelsamen
- 1/2 Tl gemahlener Koriander
- 1 Tl Ingwerpulver
- 2 El Joghurt
- 3 El Tomatenmark
- Salz
- 600 ml Lammfond
- 1/4 Tl Garam masala (s. S. 225)
- 1/2 Döschen Safranfäden
- 3 El Milch

Zubereitungszeit: ca. 20 Minuten (plus Schmor- und Kochzeit)
Pro Portion ca. 369 kcal/1542 kJ
55 g E · 14 g F · 4 g KH

RINDERCURRY MIT PILZEN UND REIS JAPAN

Für 4 Portionen
450 g Reis
250 g Rindfleisch
2 El Öl
5 El Butter
2 Zwiebeln
2 Knoblauchzehen
2 cm Ingwerwurzel
2 El Currypulver
4 El Reismehl
1 El Tomatenmark
2 Tl Sojasauce
Salz
Pfeffer
2 Möhren
100 g Shiitakepilze
1 Lorbeerblatt
700 ml Rinderfond

Zubereitungszeit: ca. 30 Minuten
(plus Einweich-, Schmor- und Garzeit)
Pro Portion ca. 491 kcal/1616 kJ
[illegible]0 g E · 19 g F · 44 g KH

Den Reis gründlich waschen, abtropfen lassen und in 550 ml Wasser einweichen.

Das Fleisch waschen, trocken tupfen und in Würfel schneiden. Öl und die Hälfte der Butter in einem Topf erhitzen und die Fleischwürfel darin kräftig anbraten. Aus dem Topf holen.

1 Zwiebel, Knoblauch und Ingwer schälen. Zwiebel in Scheiben schneiden, Knoblauch und Ingwer hacken. Die Zwiebel im Bratfett 20 Minuten gar schmoren. Knoblauch, Ingwer und Currypulver zugeben und einige Minuten mitschmoren. Mehl gut unterrühren. Tomatenmark und Sojasauce einrühren. Topf vom Herd nehmen.

Den Reis im Einweichwasser bei geschlossenem Deckel aufkochen und geringer Temperatur 10 Minuten garen. Vom Herd nehmen und weitere 10 Minuten nachgaren lassen.

Restliche Butter erhitzen. Die zweite Zwiebel achteln und mit den Fleischwürfeln in der Butter schmoren. Möhren schälen und schräg in Scheiben schneiden. Pilze putzen und waschen. Klein schneiden. Pilze und Lorbeer zugeben und den Fond angießen. Alles 20 Minuten köcheln. Vom Kochsud 500 ml abmessen und mit der beiseite gestellten Würzpaste verrühren. Mit der restlichen Brühe mischen und wieder zum Fleisch geben. Aufkochen und mit Salz und Pfeffer abschmecken. Auf dem Reis anrichten.

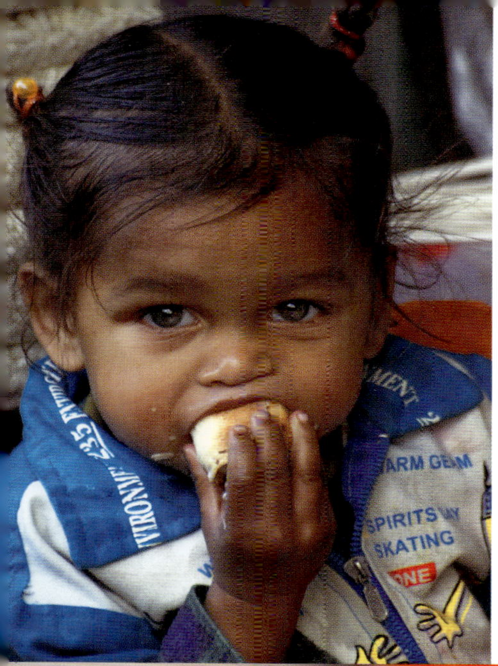

SCHWEINEFLEISCH IN MANDELMILCH INDIEN

Die Safranfäden in 4 El heißem Wasser einweichen. Das Fleisch waschen, trocken tupfen und würfeln. Saure Sahne mit Safran, 100 ml Wasser und etwas Salz verrühren und die Fleischwürfel darin 30 Minuten marinieren. Dann in einem Sieb abtropfen lassen.

Die Schalotten schälen und fein reiben. Das Öl in einer Pfanne erhitzen und die Schalotten darin anbräunen. Mariniertes Fleisch mit 1½ l Wasser, Salz, Zucker, Lorbeerblatt, 1 Nelke, 3 Kardamomkapseln, 1 Zimtstange zu den Schalotten geben und etwa 1 Stunde weich schmoren. Fleisch aus dem Topf nehmen, Brühe durch ein Sieb gießen.

In einem Topf die Milch mit zweiter Zimtstange, restlichen Nelken, Kardamomkapseln und Mandeln um ein Drittel einkochen. Abkühlen lassen. Durch ein Sieb gießen. Die Mandelmilch und 750 ml Kochbrühe mit dem Fleisch mischen.

Die restlichen Gewürze in einer Pfanne ohne Fett rösten. Aus der Pfanne nehmen und fein mahlen. Zum Fleisch geben, einige Minuten köcheln und mit Zucker abschmecken. Mit Pfefferminzblättchen garniert servieren.

Für 4 Portionen
8 Safranfäden
700 g Schweinefleisch
2 El saure Sahne
Salz
4 Schalotten
2 El Erdnussöl
1 El Zucker
1 Lorbeerblatt
2 Nelken
6 grüne Kardamomkapseln
2 Zimtstangen
1,2 l Milch
3 El geriebene Mandeln
2 Tl Fenchelsamen
1 Tl Kreuzkümmelsamen
¼ Tl weiße Pfefferkörner
Pfefferminzblättchen zum Garnieren

Zubereitungszeit: ca. 30 Minuten
(plus Einweich-, Marinier-, Schmor- und Garzeit)
Pro Portion ca. 491 kcal/1616 kJ
20 g E · 19 g F · 44 g KH

GEFLÜGEL-CURRYS

Starke und kampfesfreudige Hähne waren noch vor einigen Jahren der ganze Stolz asiatischer Männer, zu einer Zeit, als der Hahnenkampf noch traditionell ausgeführt wurde. Das Wohl des Hahnes stand dabei vielfach noch über dem der Familie.

Heute ist der Hahnenkampf in den meisten asiatischen Ländern aus Tierschutzgründen offiziell verboten.

Die weiblichen Vertreter dieser Tierart dagegen haben Ansehen bisher nur als Lieferant von Eiern, der Züchtung von Nachwuchs und als Zutat in schmackhaften Gerichten erlangt – das jedoch schon seit Urzeiten. Der Urahn des Huhns, das Wildhuhn, stammt aus Nordindien und den angrenzenden Regionen.

Neben Hühnerfleisch wird auch das von Enten in Currys zubereitet. Hierfür werden die durchziehenden Wildenten oder die in Indien gezüchteten Laufenten, die in den Reisfeldern gehalten werden, verwendet. Aber auch das Fleisch von Pekingenten schmeckt in einem Curry köstlich.

GEFLÜGELCURRYS

Für die Zubereitung von Geflügelcurrys kennen indische Köche unterschiedliche Arten. Neben dem Braten im Ganzen werden einzelne Geflügelteile wie Schenkel oder Flügel, aber auch gewürfeltes Hühnerfleisch in Sauce geschmort. Traditionell wird das Fleisch stets ohne Haut zubereitet.

Die Hühnchen werden meist im Ganzen gekauft und zu Hause zerlegt, wenn sie nicht selbst gehalten und vor Ort geschlachtet werden.

Für das Braten im Ganzen wird der Tandoori-Ofen angeheizt. Einzelne Teile und gewürfeltes Fleisch werden in der Pfanne geschmort, je nach Region entweder nur mit Zwiebeln und Gewürzen oder in Kokossauce mit Nüssen. Andere asiatische Länder bereiten Hühnchencurrys mit Kaffir-Limettenblättern und Zitronengras zu oder garen es in Brühe. Über die Landesgrenzen hinaus ist das Korma bekannt. Darunter versteht man in Indien ein Gericht für besondere Anlässe mit einer cremigen Sauce aus Joghurt oder Sahne, verschiedenen Gewürzen, Nüssen, Safran. Andere Länder verwenden zum Beispiel Kokosmilch, Mohnsamen und frische Chilis. Ein Vindaloo-Curry dagegen wird mit färbenden Gewürzen, scharfen roten Chilis und auch Tomaten zubereitet. Der Abwechslung halber wurden einige Gerichte auch mit Putenfleisch zubereitet, obwohl dies in Indien nicht üblich ist.

PUTE MIT MORCHELN
IN KOKOSSAUCE

HÄHNCHEN MIT CHAMPIGNONS
IN SAFRANSAUCE

HÄHNCHEN MIT MORCHELN
IN SAHNESAUCE

ENTE MIT MORCHELN
IN ORANGENSAUCE

PUTE MIT STEINPILZEN
IN CURRYSAUCE

HÄHNCHEN MIT AUSTERNPILZEN
IN SOJASAUCE

HÄHNCHEN MIT MORCHELN IN KOKOSSAUCE NORDINDIEN

Für 4 Portionen
30 g getrocknete Morcheln*
5 Zwiebeln*
3 El Öl
200 g Crème fraîche*
3 Knoblauchzehen*
3 cm Ingwerwurzel*
75 g Ghee*
½ Tl gemahlener Kreuzkümmel*
750 g Hühnerfleisch*
1 rote Chilischote*
½ Tl Senfsamen*
1 Tl Pimentkörner*
¼ Muskatnuss*
1 Muskatblüte*
3 grüne Kardamomkapseln*
Salz
250 ml Hühnerbrühe*
100 ml Kokosmilch*
1 Prise Safran*
½ Tl Garam masala* (s. S. 225)

Zubereitungszeit: ca. 30 Minuten
(plus Einweich-, Schmor- und Garzeit)
Pro Portion ca. 771 kcal / 2976 kJ
46 g E · 54 g F · 5 g KH

Die Morcheln waschen, in heißem Wasser einweichen, dann abtropfen lassen und trocken tupfen. Das Einweichwasser aufbewahren.

Die Zwiebeln schälen, in feine Ringe schneiden und im heißen Öl goldbraun braten. Mit 50 g Crème fraîche und 2 El Wasser im Mixer zu einer Paste verarbeiten. Knoblauch und Ingwer schälen und fein hacken.

1 El Ghee in einem Topf erhitzen und den Kreuzkümmel darin anschmoren. Die Morcheln zugeben und unter Rühren 3 Minuten schmoren. Aus der Pfanne nehmen.

Das Hühnerfleisch waschen und trocken tupfen. In mundgerechte Stücke schneiden. Die Chilischote putzen, waschen, entkernen und fein hacken.

Restliches Ghee in den Topf geben und die ganzen Körner, Muskatnuss-, -blüte und Kardamom darin 2 Minuten braten. Das Hähnchenfleisch zugeben und 3 Minuten braten. Zwiebelpaste, Knoblauch und Ingwer hinzufügen und weitere 3 Minuten schmoren. Chili und etwa 1 Tl Salz einrühren und 2 Minuten schmoren.

Restliche Crème fraîche, Hühnerbrühe, Pilzeinweichwasser zugeben und bei geringer Temperatur etwa 35 Minuten garen. Fleisch aus der Sauce nehmen.

Die Sauce durchsieben, aufkochen und eindicken lassen. Kokosmilch, Safran und Garam masala einrühren. Fleisch in die Sauce geben, Morcheln unterheben und sofort servieren.

* Die mit einem Sternchen versehenen Zutaten können ausgetauscht werden. Gewürze und Kräuter je nach Belieben.

ENTENFLEISCH MIT ZIMT UND KNOBLAUCH INDIEN

Für 4 Portionen
1 küchenfertige Ente
4 El Butterschmalz
1 Zimtstange
7 grüne Kardamomkapseln
1 El Kreuzkümmelsamen
1 El Koriandersamen
4 Curryblätter
2 Zwiebeln
3 cm Ingwerwurzel
5 Knoblauchzehen
2 Tomaten
1 Tl Chilipulver
½ Tl Kurkuma
Salz
1½ Tl Garam masala (s. S. 225)
½ Tl gemahlener Zimt

Zubereitungszeit: ca. 30 Minuten
(plus Schmor- und Garzeit)
Pro Portion ca. 986 kcal/4016 kJ
69 g E · 75 g F · 3 g KH

Die Ente waschen, trocken tupfen und in 6–8 Teile schneiden. Das Butterschmalz in einem Bräter erhitzen und dieEntenteile darin auf der Hautseite anbraten, wenden, auf der anderen Seite gut anbraten. Aus dem Bräter nehmen.

Zimtstange, Kardamomkapseln, Kreuzkümmel- und Koriandersamen sowie Curryblätter ins Bratfett geben und schmoren.

Die Zwiebeln, Ingwerwurzel und Knoblauch schälen. Die Zwiebel in Ringe schneiden, Ingwer und Knoblauch fein hacken. Tomaten vom Stielansatz befreien, häuten, entkernen und würfeln.

Zwiebelringe zu den Gewürzen geben, anbräunen, dann Knoblauch und Ingwer hinzufügen und schmoren. Chili und Kurkuma und 2 Tl Salz einrühren. Die Tomaten unterheben. 10 Minuten köcheln, bis die Tomaten weich sind. Ententeile und 450 ml Wasser zugeben und bei geschlossenem Deckel etwa 1 Stunde 20 Minuten köcheln. 5 Minuten vor Ende der Garzeit Garam masala unterrühren, mit Salz abschmecken und mit Zimt bestreut servieren.

TAJA RESERVA, JUMILLA (SPANIEN)

Rubingranatrot mit violetten Facetten entwickelt die Rebsortencuvée aus Monastrell, Tempranillo, Cabernet Sauvignon und Merlot ein würziges, florales Bukett mit Anklängen an Schwarzkirscharomen. Ihr voller, robuster Körper mit guter Struktur wirkt dicht mit feinfruchtiger Textur, samtigen Tanninen und verspricht einen langen Abgang.

TIPP:

Für dieses typisch indische Rezept nehmen Sie eine Wildente oder eine gewöhnliche Stock- bzw. Hausente.

Ob Sie die Ente mit Haut oder ohne braten, bleibt Ihnen überlassen. Mit Haut trocknet allerdings das Fleisch beim Braten nicht aus. Das überschüssige Fett können Sie gut entfernen, wenn Sie das Gericht einen Tag im Voraus zubereiten. Vor dem erneuten Erhitzen einfach abschöpfen.

PUTENCURRY MIT PINIENKERNEN DELHI, NORDINDIEN

Die Putenbrust waschen, trocken tupfen und in Würfel schneiden. Die Pinienkerne mit 3 geputzten Chilischoten und der Sahne im Mixer zu einer Paste verarbeiten. Zwiebeln, Knoblauch und Ingwer schälen und hacken. Den Joghurt glatt rühren.

Das Öl in einem Topf erhitzen und die Zwiebeln darin anbräunen. Ingwer, Knoblauch, Kurkuma, Lorbeerblätter, Pfeffer, Bockshornklee zugeben und 2 Minuten schmoren. Pinienkern-Paste einrühren und mitschmoren.

Putenstücke in den Topf geben und gut anbraten. Tomatenmark, Joghurt, restliche, längs aufgeschlitzte Chilischoten und Salz hinzufügen. Hühnerbrühe angießen und das Fleisch etwa 20 Minuten weich garen. 5 Minuten vor Ende der Garzeit Garam masala einrühren. Das Curry mit Kardamom und Koriander bestreut servieren.

Für 4 Portionen
- 800 g Putenbrust
- 75 g Pinienkerne
- 6 grüne Chilischoten
- 4 El Sahne
- 2 Zwiebeln
- 5 Knoblauchzehen
- 3 cm Ingwerwurzel
- 3 El Joghurt
- 3 El Öl
- 1/4 Tl Kurkuma
- 2 Lorbeerblätter
- 1/4 Tl weißer Pfeffer
- 1 1/4 Tl Bockshornkleesamen
- 2 El Tomatenmark
- Salz
- 750 ml Hühnerbrühe
- 1/4 Tl Garam masala (s. S. 225)
- 1 Tl gemahlener grüner Kardamom
- frisch gehackter Koriander zum Bestreuen

Zubereitungszeit: ca. 20 Minuten
(plus Schmor- und Garzeit)
Pro Portion ca. 611 kcal/2278 kJ
23 g E · 35 g F · 10 g KH

ENTENCURRY MIT JACKFRUCHT KAMBODSCHA

Das Zitronengras putzen, schälen und hacken. Galgant, Knoblauch, Schalotte und die beiden Wurzeln schälen und hacken. Die roten Chilischoten putzen, waschen, entkernen und hacken. Die Zutaten (die Hälfte des Zitronengrases) mit Limettenschale und -blättern im Mixer mit etwas Wasser zu einer Paste verarbeiten und beiseite stellen.

Die Ente waschen, trocken tupfen und in 8 Teile schneiden. Das Öl in einem großen Topf erhitzen und die Ententeile zuerst mit der Hautseite nach unten hineinlegen. Von jeder Seite etwa 5 Minuten anbraten. Die Teile aus dem Topf nehmen.

Die Würzpaste und die Garnelenpaste ins Bratfett rühren und 2 Minuten mitschmoren. Currypulver und Rohrzucker zugeben und 1 Minuten schmoren.

Das Kokosnussfleisch reiben und mit 500 ml heißem Wasser in der Küchenmaschine pürieren.

Die Ententeile mit der Kokoscreme, dem restlichen Zitronengras und den Curryblättern in den Topf geben und bei mittlerer Temperatur und geschlossenem Deckel etwa 25 Minuten weich garen.

Inzwischen die Jackfrucht schälen, ungenießbare Fasern entfernen und das Fruchtfleisch würfeln. Nach der Garzeit in das Curry geben und mit Fischsauce abschmecken. Das Curry weitere 10 Minuten köcheln, dann sofort servieren.

Für 4 Portionen
2 Stängel Zitronengras
30 g Galgant
2 Knoblauchzehen
1 Schalotte
5 cm frische Korianderwurzel
5 cm frische Kurkuma
3 rote Chilischoten
abgeriebene Schale von 1 unbehandelten Limette
4 Kaffir-Limettenblätter
1 kleine Ente (ca. 1,5 kg)
3 El Erdnussöl
1 El Garnelenpaste
1 El Currypulver
1 El Rohrzucker
500 g Kokosnussfleisch
6 Curryblätter
300 g junge Jackfrucht
Fischsauce zum Abschmecken

Zubereitungszeit: ca. 40 Minuten (plus Schmor- und Garzeit)
Pro Portion ca. 1453 kcal/6087 kJ
74 g E · 118 g F · 23 g KH

ZUR ROHRZUCKERHERSTELLUNG werden die geernteten Zuckerrohrstangen gemahlen und der Saft wird ausgepresst. Der Saft wird zusammen mit Kalk erhitzt, um Verschmutzungen zu binden und den Saft zu klären. Beim weiteren Erhitzen setzen sich Zuckerkristalle und Melasse ab. Durch Raffination mit Wasser werden die Kristalle von der Melasse getrennt, dabei gehen auch sämtliche Mineralstoffe in die Melasse. Je öfter die Raffination wiederholt wird, desto weißer wird der Zucker.

BB's
Crabback Caribbean Restaurant Tel/Fax:1(473) 435-7058 WWW. bbscrabback.com
PROGRE

HÄHNCHENCURRY TRINIDAD KARIBIK

Die Zwiebeln und Knoblauchzehen schälen und fein hacken. Frühlingszwiebeln putzen, waschen und den hellgrünen und weißen Teil hacken. Ingwer schälen und fein reiben. Zwiebeln, die Hälfte des Knoblauchs, Frühlingszwiebeln, Ingwer, Kräuter, Chili, Salz, Pfeffer und 2 El Wasser zu einer Paste verarbeiten.

Das Fleisch waschen, trocken tupfen und in Scheiben schneiden. Die Scheiben mit der Würzpaste einreiben und abgedeckt sowie gekühlt 1 Stunde durchziehen lassen.

Das Öl in einer Pfanne erhitzen und den restlichen Knoblauch darin anbräunen. Curryblätter kurz mitschmoren, dann das Currypulver einrühren.

Das marinierte Fleisch in die Pfanne geben und 4 Minuten anbraten. Essig und 120 ml Wasser angießen, Kreuzkümmel einrühren und 5 Minuten köcheln. Mit Salz abschmecken und Garam masala unterrühren. Nach weiteren 3 Minuten köcheln servieren.

Für 4 Portionen
3 Zwiebeln
4 Knoblauchzehen
3 Frühlingszwiebeln
2 cm Ingwerwurzel
2 El frisch gehackter Koriander
1/4 Habanero-Chili
Salz
Pfeffer
600 g Hähnchenbrustfilets
3 El Öl
2 Curryblätter
1 El Currypulver
1 Tl Apfelessig
1/2 Tl Kreuzkümmel
1 Tl Garam masala (s. S. 225)

Zubereitungszeit: ca. 35 Minuten
(plus Marinier-, Schmor- und Kochzeit)
Pro Portion ca. 253 kcal/1058 kJ
33 g E · 11 g F · 3 g KH

HÄHNCHENCURRY NACH SINGHALESISCHER ART

SRI LANKA

Das Hähnchen waschen, trocken tupfen und in 6–8 Teile schneiden. Zwiebeln, Knoblauch und Ingwer schälen und fein hacken. Die grünen Chilischoten putzen und zerkleinern. Knoblauch, Ingwer und Chili im Mixer zu einer Paste verarbeiten. Die Hähnchenstücke in einer Marinade aus Kurkuma, Zitronensaft, Gewürzpaste und Salz einlegen und etwa 30 Minuten im Kühlschrank durchziehen lassen.

4 El Öl in einer Pfanne erhitzen und Zimtstange, Kardamom, Nelken, Sternanis und Lorbeer darin unter Rühren braten. Die Zwiebeln zugeben und anbräunen. Koriander und Chilipulver einrühren und die Hähnchenstücke in dieser Mischung schmoren, bis alle Stücke mit Gewürzen überzogen sind. 400 ml Kokosmilch angießen und abgedeckt bei mittlerer Temperatur 20 Minuten schmoren. Den Topf vom Herd nehmen, die restliche Kokosmilch angießen und 2 Minuten köcheln.

Das restliche Öl erhitzen und die Senfsamen darin zum Platzen bringen. Dann Curryblätter und getrocknete Chilis zugeben und 2–3 Minuten schmoren. Die Mischung zum Hähnchencurry geben, abschmecken und servieren.

Für 4 Portionen
1 küchenfertiges Hähnchen
4 Zwiebeln
4 Knoblauchzehen
2 cm Ingwerwurzel
2 grüne Chilischoten
1/2 Tl Kurkuma
1 1/2 El Zitronensaft
Salz
6 El Öl
1 Zimtstange
3 grüne Kardamomkapseln
3 Gewürznelken
1 Sternanis
2 Lorbeerblätter
1 1/2 El gemahlener Koriander
1 El rotes Chilipulver
800 ml Kokosmilch
1/2 Tl Senfsamen
10 Curryblätter
2 getrocknete rote Chilischoten

Zubereitungszeit: ca. 25 Minuten
(plus Marinier-, Schmor- und Garzeit)
Pro Portion ca. 793 kcal/3314 kJ
76 g E · 52 g F · 6 g KH

PUTENCURRY
MIT FRÜHLINGSZWIEBELN

PUTENCURRY
MIT PETERSILIENWURZELN

PUTENCURRY
MIT PALMHERZEN

PUTENCURRY
MIT BROTFRUCHT

HÄHNCHENCURRY
MIT ZWIEBELN

HÄHNCHENCURRY
MIT JACKFRUCHT

PUTENCURRY MIT ROTEN ZWIEBELN

BENGALEN, BANGLADESH

Zwiebeln, Knoblauch und Ingwer schälen und getrennt pürieren. Das Ghee in einem Topf erhitzen und Lorbeer, Pfeffer, Kardamom, Chilischoten und Muskatblüten darin rösten, bis sie zu springen beginnen. Das Zwiebelpüree einrühren und unter Rühren anbräunen. Ingwer- und Knoblauchpüree zugeben und mit Chili-, Kreuzkümmel- und Korianderpulver verrühren. 3 Minuten mitschmoren.

Das Putenfleisch waschen, trocken tupfen und in Würfel schneiden. In den Topf geben und gut unter die Gewürze rühren.

Bei mittlerer Temperatur etwa 10 Minuten schmoren. Tomatenmark und 1 El Salz hinzufügen und weitere 10 Minuten garen. Hühnerbrühe angießen und das Fleisch im geschlossenen Topf weitere 10 Minuten weich garen. Dann bei geöffnetem Deckel die Sauce dick einkochen.

Die Zimtstange, Kardamom und Koriander in einer Pfanne ohne Fett rösten und anschließend fein mahlen.

Das Putencurry abschmecken, die gemahlenen Gewürze einrühren und mit Koriander bestreut servieren.

Für 4 Portionen
6 rote Zwiebeln*
3 Knoblauchzehen*
3 cm Ingwerwurzel*
3 El Ghee*
3 Lorbeerblätter*
5 schwarze Pfefferkörner
4 schwarze Kardamomkapseln
4 getrocknete rote Chilischoten
2 getrocknete Muskatblüten
1 ½ El rotes Chilipulver
je 1 El gemahlener Kreuzkümmel und Koriander
1 kg Putenkeule ohne Knochen*
3 El Tomatenmark*
Salz
400 ml Hühnerbrühe*
½ Zimtstange
3 grüne Kardamomkapseln
1 El Koriandersamen
Koriander zum Bestreuen*

Zubereitungszeit: ca. 30 Minuten
(plus Schmor- und Kochzeit)
Pro Portion ca. 462 kcal/1937 kJ
59 g E · 23 g F · 5 g KH

* Die mit einem Sternchen versehenen Zutaten können ausgetauscht werden. Gewürze und Kräuter je nach Belieben.

CHICKEN TIKKA MASALA

GROSSBRITANNIEN

Für 4 Portionen
700 g Hähnchenfleisch aus dem Schenkel
Saft von 2 Zitronen
1 Tl rotes Chilipulver
1½ Tl Kreuzkümmelsamen
½ Tl Koriandersamen
2 Schalotten
4 Knoblauchzehen
6 cm Ingwerwurzel
2 grüne Chilischoten
125 g Joghurt
½ Tl Garam masala (s. S. 225)
400 g Tomaten
1 El Öl
1 Tl Tomatenmark
½ Bund frisch gehackter Koriander
Zucker
50 g Butter
120 ml Sahne

Zubereitungszeit: ca. 30 Minuten (plus Marinier-, Schmor- und Grillzeit)
Pro Portion ca. 576 kcal/2314 kJ
36 g E · 44 g F · 10 g KH

Das Hähnchenfleisch waschen, trocken tupfen und in Stücke schneiden. Mit Zitronensaft (bis auf 1 Tl) und dem Chilipulver einreiben.

Die Samen in einer Pfanne ohne Fett rösten, bis sie duften, dann mahlen.

Schalotten, Knoblauch und Ingwer schälen und hacken. Die Chilischoten putzen, entkernen und hacken. Schalotten, Knoblauch, die Hälfte des Ingwer und die Chilis mit der abgetropften Marinade im Mixer zu einer Paste verarbeiten. Die Würzpaste mit Joghurt, Garam masala und der Hälfte der frisch gemahlenen Gewürze mischen. In dieser Marinade das Fleisch gründlich wenden und über Nacht abgedeckt durchziehen lassen.

Die Tomaten heiß überbrühen, von Stielansatz, Häuten und Kernen befreien und würfeln. Einen Grill einölen. Die Fleischwürfel aus der Marinade nehmen und auf dem Grill von jeder Seite etwa 5 Minuten grillen. Die entstehende Flüssigkeit abgießen und aufbewahren.

Fleisch vom Grill nehmen.

Tomaten mit Tomatenmark, restlichem Ingwer und Zitronensaft, restlichen gemahlenen Gewürzen und Zucker sowie Koriander pürieren. Die Butter schmelzen, das Püree einrühren und mit der Sahne ablöschen. Die Fleischteile mit der Garflüssigkeit ebenfalls zugeben. Aufkochen, 3 Minuten köcheln und servieren.

Gegenüber gewöhnlichen Küchenzwiebeln sind SCHALOTTEN die „Edeldamen" der Lauchgewächse. Benannt sind sie nach der palästinensischen Hafenstadt Askalon, von wo aus sie ihre Reise um die Welt antraten. Die ovalen Zwiebelchen wachsen in Bündeln an den Pflanzen und haben einen feinen, aromatischen Geschmack. Wenn rohe Zwiebeln verlangt werden, sind daher Schalotten immer die bessere Wahl.

Während sie in europäischen Ländern ausschließlich aus Kuhmilch zubereitet wird, wird BUTTER in asiatischen und afrikanischen Ländern auch aus Büffel-, Kamel-, Schaf- und Ziegenmilch hergestellt. Sauerrahmbutter entsteht durch die Zugabe von Milchsäurebakterien, die bei der Süßrahmbutter fehlen. Der Geschmack entsteht außerdem durch die Umwandlung des Milchzuckers in Milchsäure. Butter ist immer noch der Geschmacksverstärker Nummer Eins beim Kochen.

GRAUBURGUNDER KABINETT TROCKEN, WEINGUT MÜNZBERG, PFALZ (DEUTSCHLAND)

Dieser helle Grauburgunder mit rötlichen Reflexen verfügt über delikate Aromen von gelben Früchten. Neben der saftig-feinen Frucht überzeugt der Wein mit seiner gut eingebundenen Säure und dem zarten Schmelz.

CURRY MIT NUDELN UND HUHN JAPAN

Die Zwiebeln, Knoblauchzehen und den Ingwer schälen. Knoblauch und Ingwer hacken. 1 Zwiebel in dünne Ringe schneiden. Das Öl in einem Topf erhitzen und die Zwiebelringe mit Knoblauch und Ingwer darin etwa 20 Minuten schmoren. Reismehl und Currypulver einrühren, dann das Tomatenmark und die süß-saure Chilisauce einrühren. Topf vom Herd nehmen.

Die Brühe in einem Topf aufkochen. Das Fleisch waschen, trocken tupfen und würfeln. Die zweite Zwiebel achteln. Fleisch und Zwiebel in die kochende Brühe geben, 5 Minuten köcheln, dann den Schaum abschöpfen.

500 ml Brühe mit der Currypaste glatt rühren, mit der restlichen Brühe, Sojasauce und Mirin verrühren. Aufkochen und etwas köcheln.

Die Nudeln nach Packungsanweisung in kochendem Wasser bissfest garen. Die Frühlingszwiebeln putzen, waschen und in dünne Ringe schneiden. Die Möhren schälen und dann in sehr feine Streifen schneiden.

Die Nudeln abgießen und abtropfen lassen. Nudeln mit dem Curry vermischen, Möhren und Frühlingszwiebelringe unterheben und servieren.

Für 4 Portionen
- 2 Zwiebeln
- 2 Knoblauchzehen
- 2 cm Ingwerwurzel
- 3 El Öl
- 3 El Reismehl
- 2½ El Currypulver
- 1 El Tomatenmark
- 1 El süß-saure Chilisauce (FP)
- 1,25 l Dashi-Brühe (FP, Asialaden)
- 450 g Hähnchenfleisch
- 150 ml Sojasauce
- 150 ml Mirin
- 400 g Soba-Nudeln
- 4 Frühlingszwiebel
- 2 Möhren

Zubereitungszeit: 20 Minuten
(plus Schmor- und Garzeit)
Pro Portion ca. 643 kcal/2673 kJ
31 g E · 11 g F · 104 g KH

CHICKEN WINGS MIT ZIMT UND INGWER

NORDINDIEN

Für 4 Portionen
1,5 kg Hähnchenflügel
3 cm Ingwerwurzel
4 Knoblauchzehen
5 Zwiebeln
2½ Tl Chilipulver
1 Tl Kurkumapulver
Salz
200 ml Ghee
½ Zimtstange
1 Muskatblüte
2 schwarze Kardamomkapseln
1 El schwarze Pfefferkörner
5 Gewürznelken
5 grüne Kardamomkapseln
2 El Korianderpulver
450 g Joghurt
1 El Kichererbsenmehl
1 Tl Garam masala (s. S. 225)
frisch gehackter Koriander zum Bestreuen

Zubereitungszeit: ca. 30 Minuten
(plus Zeit zum Einziehen, Schmoren und Garen)
Pro Portion ca. 1322 kcal/5537 kJ
67 g E · 30 g F · [illegible] g KH

Die Hähnchenflügel waschen und trocken tupfen. Ingwer, Knoblauch und Zwiebeln schälen und getrennt pürieren. Aus je 1 El Ingwer- und Knoblauchpüree, 1 Tl Chilipulver, ½ Tl Kurkuma und 1 Tl Salz eine Paste rühren und die Hähnchenflügel damit einreiben. 15 Minuten durchziehen lassen.

Das Ghee in einem Bräter erhitzen und die Chicken Wings darin von allen Seiten gut anbraten. Mit einer Schaumkelle aus dem Bräter heben und beiseite stellen. Den Bratfond im Bräter erhitzen und die ganzen Gewürze (Zimtstange, Muskatblüte, schwarzer und grüner Kardamom, Pfeffer, Gewürznelken) darin anschmoren. Das Zwiebelpüree und restliches Ingwer- und Knoblauchpüree einrühren und die restlichen gemahlenen Gewürze (Chili, Kurkuma, Koriander) außer Garam masala zugeben. Die Mischung 5 Minuten köcheln.

Hähnchenflügel in den Bräter geben und mit Sauce bedecken. Den Joghurt mit Kichererbsenmehl verrühren, über das Fleisch geben und bei geschlossenem Deckel weitere 15 Minuten köcheln. Flügel aus der Sauce nehmen. Die Sauce glatt rühren, mit Salz abschmecken, Garam masala einrühren. Sauce über die Hähnchenflügel geben und mit Koriander bestreut servieren.

CHILIPULVER in einem Curry sollte stets am Ende des Bratvorgangs von Fleisch oder Geflügel zugegeben werden. Dabei kann es Hustenreiz verursachen. Die Zugabe von wenigen Tropfen Wasser unter das Gewürz verhindert dies.

अश्वगंधा
बच
रीठा
बालघड़
शतावर

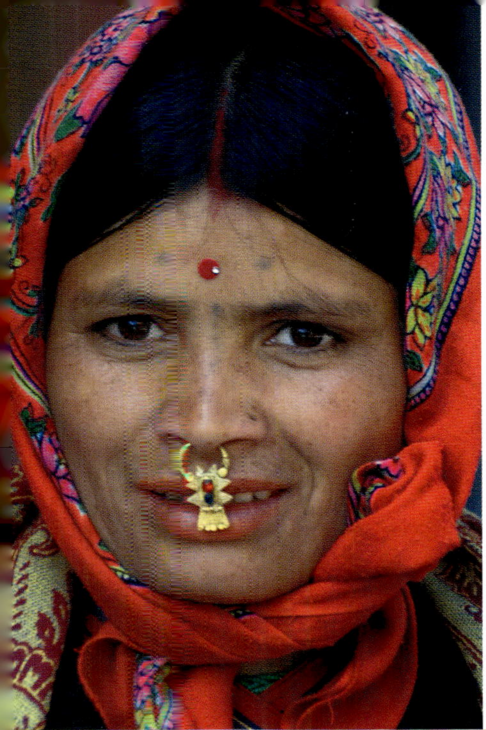

HÄHNCHENCURRY VINDALOO INDIEN

Die ersten fünf Zutaten miteinander mischen und beiseite stellen. Das Huhn waschen, trocken tupfen und in 8 Teile schneiden. Zwiebeln, Ingwer und Knoblauch schälen. Die Zwiebeln in dünne Ringe schneiden, Knoblauch und Ingwer hacken. Die Tomaten heiß überbrühen, von Stielansatz, Haut und Kernen befreien und würfeln.

Das Öl in einem Bräter erhitzen. Die Hähnchenteile hineingeben und von jeder Seite etwa 4 Minuten braten. Aus dem Bräter nehmen und beiseite stellen.

Senf- und Bockshornkleesamen in das Bratfett geben. Wenn sie zu springen beginnen, Curryblätter und Zwiebelringe hinzufügen und anbräunen. Ingwer und Knoblauch einrühren und 1 Minute schmoren. Die beiseite gestellten gemahlenen Gewürze zugeben und nach etwa 30 Sekunden die Tomatenwürfel hinzufügen und garen.

Die Hähnchenteile, Essig, 2 Tl Salz und Zucker nach Geschmack sowie 500 ml Wasser in den Bräter geben und aufkochen. Bei geschlossenem Deckel und geringer Temperatur etwa 45 Minuten schmoren.

Nach der Garzeit den Deckel abnehmen und die Sauce cremig einkochen. Mit Reis servieren.

Für 4 Portionen
½ Tl Kurkumapulver
1 El gemahlener Kreuzkümmel
1 El rotes Chilipulver
1 El gemahlener Koriander
1½ Tl Garam masala (s. S. 225)
1 küchenfertiges Huhn
2 Zwiebeln
2 cm Ingwerwurzel
8 Knoblauchzehen
2 Tomaten
4 El Öl
½ Tl Senfsamen
¼ Tl Bockshornkleesamen
12 Curryblätter
125 ml Reisessig
Salz
Zucker nach Geschmack

Zubereitungszeit: ca. 20 Minuten
(plus Schmor- und Garzeit)
Pro Portion ca. 750 kcal/3140 kJ
76 g E · 46 g F · 7 g KH

HÄHNCHENCURRY MIT TOMATEN

Das Hähnchenfleisch waschen, trocken tupfen und in 8 Stücke schneiden. Die Zwiebeln, den Ingwer und Knoblauch schälen. Zwiebeln fein hacken, Knoblauch und Ingwer zu einer Paste verarbeiten. Die Tomaten waschen, den Stielansatz entfernen, die Tomaten pürieren.

Ghee in einer Pfanne erhitzen. Zimtstange, Nelken und Kardamomkapseln darin 30 Minuten braten. Die Zwiebeln zugeben und anbräunen. Knoblauch- und Ingwerpaste einrühren und 2 Minuten unter Rühren schmoren.

Die gemahlenen Gewürze hinzufügen und das Tomatenpüree unterrühren. Die Mischung köcheln, bis sich das Fett absetzt. Nun die Hähnchenteile zugeben und salzen. 5 Minuten schmoren, 400 ml Wasser angießen, aufkochen und bei geschlossenem Deckel und mittlerer Temperatur etwa 40 Minuten garen. Das Curry mit Cashewpaste andicken, mit Garam masala würzen und mit Koriander bestreut servieren.

Für 4 Portionen

800 g Hähnchenfleisch ohne Haut
4 Zwiebeln
2 cm Ingwerwurzeln
3 Knoblauchzehen
4 Tomaten
4 El Ghee
1 Zimtstange
4 Gewürznelken
4 grüne Kardamomkapseln
1/2 Tl Kurkuma
2 El gemahlener Koriander
2 Tl Kreuzkümmelpulver
1 Tl rotes Chilipulver
Salz
2 El Cashewkernpaste
1 Tl Garam masala (s. S. 225)
1 El frisch gehackter Koriander zum Garnieren

Zubereitungszeit: ca. 30 Minuten (plus Schmor- und Garzeit)
Pro Portion ca. 377 kcal/1580 kJ
45 g E · 17 g F · 7 g KH

TIPP:

Servieren Sie das Curry dekorativ in Schälchen aus gebackenem Papadam (s. S. 239).

ENTENCURRY
MIT MAIS UND SELLERIE

ENTENCURRY
MIT MAIS UND ERBSEN

HÄHNCHENCURRY
MIT MAIS

GÄNSECURRY
MIT MAIS

ENTENCURRY
MIT MACADAMIA

ENTENCURRY
MIT SPITZKOHL

ENTENCURRY MIT MAIS NORDINDIEN

Den Joghurt mit gemahlenem Koriander und Kurkuma sowie 2 Tl Salz mischen. Das Entenfleisch waschen, trocken tupfen und in mundgerechte Stücke schneiden. In die Joghurtmarinade legen und 30 Minuten durchziehen lassen.

Die Zwiebeln und Knoblauchzehen schälen und hacken. Die Chilischoten putzen, entkernen und hacken. Zwiebeln, Knoblauch und Chili im Mixer zu einer Paste verarbeiten.

Ghee in einem Topf erhitzen und die Gewürze mit den Zimtblättern darin anschmoren. Wenn die Samen zu springen beginnen, die marinierten Entenstücke in den Topf geben und kräftig anbraten. 15 Minuten garen, bis die Flüssigkeit verkocht ist.

Die Zwiebelpaste einrühren, 10 Minuten köcheln, 450 ml Wasser angießen und das Fleisch bei geringer Temperatur 20 Minuten gar köcheln. Den Mais abtropfen lassen und hacken, in das Curry geben weitere 10 Minuten köcheln. Das Curry abschmecken, mit Zitronensaft beträufeln und mit Koriander bestreut servieren.

* Die mit einem Sternchen versehenen Zutaten können ausgetauscht werden.
Gewürze und Kräuter je nach Belieben.

Für 4 Portionen
300 g Joghurt
2 Tl gemahlener Koriander
1 Tl Kurkuma
Salz
1 kg Entenfleisch ohne Haut*
5 Zwiebeln*
6 Knoblauchzehen
12 grüne Chilischoten
100 g Ghee*
1½ Tl Kreuzkümmelsamen
5 grüne Kardamomkapseln
4 schwarze Kardamomkapseln
10 Gewürznelken
2 Zimtblätter*
450 g Mais aus der Dose*
2 El Zitronensaft*
gehackter Koriander zum Bestreuen

Zubereitungszeit: ca. 30 Minuten
(plus Marinier-, Schmor- und Garzeit)
Pro Portion ca. 981 kcal/4111 kJ
52 g E · 72 g F · 30 g KH

TAMILISCHES HÜHNCHEN-CURRY SÜDINDIEN

Für 4–5 Portionen
2 Tl Mohnsamen
225 g Kokosnussfleisch
1 Tl Fenchelsamen
1/4 Zimtstange
4 grüne Kardamomkapseln
4 Gewürznelken
1/4 Tl Kurkuma
1/4 Tl Garam masala (s. S. 225)
1 Zwiebel
2 cm Ingwerwurzel
3 Knoblauchzehen
125 g Ghee
1/2 Sternanis
2 El Chilipulver
1 küchenfertiges Huhn
3 Tomaten
Salz
Saft von 1/2 Limette
3 Curryblätter

Zubereitungszeit: ca. 25 Minuten (plus Schmorzeit)
Pro Portion ca. 1138 kcal/4763 kJ
78 g E · 89 g F · 6 g KH

Die Mohnsamen in einer Pfanne ohne Fett rösten. Aus der Pfanne nehmen, im Mörser zerstoßen und mit 3 El Wasser mischen. Das Kokosnussfleisch reiben. Mohn, Kokos, Fenchelsamen, Zimt, Kardamom, Nelken, Kurkuma und Garam masala im Mixer zu einer Paste verarbeiten.

Zwiebel, Ingwer und Knoblauch schälen und fein hacken. Ghee in einem Topf erhitzen und die Zwiebel darin anbräunen, Ingwer und Knoblauch zugeben und 2 Minuten mitschmoren. Sternanis, Chilipulver und die Kokos-Gewürzpaste mit 2 El Wasser hinzufügen und die Mischung unter Rühren 5 Minuten köcheln. Nach Bedarf Wasser angießen.

Das Huhn waschen, trocken tupfen und in 8–10 Stücke schneiden. In den Topf geben und 10 Minuten anbraten. Tomaten waschen, vom Stielansatz befreien und würfeln. Tomatenwürfel zum Huhn geben und gut verrühren. 500 ml Wasser angießen und salzen.

Das Huhn etwa 45 Minuten ohne Deckel köcheln. Limettensaft und Curryblätter unterrühren und 3 Minuten köcheln. Sofort servieren.

Werden MOHNSAMEN in einem Curry verwendet, ist der Vorgang stets derselbe. Sie werden ohne Fett geröstet und dann fein zerstoßen oder gemahlen. Das geht am besten, wenn man sie mit Wasser vermischt und in die Kaffeemühle gibt. Sie verleihen Gerichten einen feinen nussartigen Geschmack.

„MONTE FIORENTINE" SOAVE CLASSICO, CA' RUGATE, VENETO (ITALIEN)

Eine intensive gelbe Farbe, delikate Aromen von exotischen Früchten und Vanille zeichnen diesen Soave aus, der saftig und gehaltvoll am Gaumen bleibt.

ENTENCURRY AUF TANDOORIART NORDINDIEN

Die Ente waschen, trocken tupfen und in 8 gleich große Stücke schneiden. An der Hautseite schräg einschneiden. Knoblauch und Ingwer schälen und fein hacken. Die Kräuter waschen, trocken schütteln und die Blättchen fein hacken. Knoblauch, Ingwer, Zitronensaft, zerbröselte rote Chili, Pfeffer, Zimt, Salz, 3 El Joghurt und je die Hälfte der Kräuter im Mixer zu einer glatten Marinade verarbeiten und die Ententeile damit einreiben, sodass Marinade in die Einschnitte dringt. Abgedeckt und gekühlt über Nacht durchziehen lassen.

Den Backofen auf 200 °C vorheizen. Die Entenstücke in einen gefetteten Bräter legen und mit der restlichen Marinade bestreichen. Im Ofen etwa 50 Minuten braten. Dann herausnehmen und warm stellen.

Tomatenmark in den Bratfond geben und anschmoren. Brühe angießen und die Sauce einkochen. Den restlichen Joghurt mit Salz, Pfeffer und den restlichen Kräutern mischen. Nach dem Garen über die Entenstücke geben und mit erwärmen. Sofort servieren.

Für 4 Portionen
- 1 küchenfertige Ente (ca. 1,5 kg)
- 3 Knoblauchzehen
- 2 cm Ingwerwurzel
- je 2 Koriander- und Minzezweige
- 1 El Zitronensaft
- 1/2 getrocknete rote Chilischote
- 1/2 Tl Pfeffer
- 1 Prise Zimtpulver
- Salz
- 400 g Joghurt
- 2 El Tomatenmark
- 400 ml Hühnerbrühe
- 2 Tl gemahlener Kreuzkümmel
- 1 Gewürznelke
- Pfeffer

Zubereitungszeit: ca. 30 Minuten
(plus Marinier-, Schmor- und Bratzeit)
Pro Portion ca. 1009 kcal/4225 kJ
78 g E · 75 g F · 6 g KH

HÄHNCHENCURRY MIT ZITRONENGRAS

SÜDVIETNAM

Für 4 Portionen
1 küchenfertiges Hähnchen
2 El Currypulver
1 Tl Zucker
1 Tl Salz
2 Süßkartoffeln
3 Knoblauchzehen
2 Zwiebeln
2 Stängel Zitronengras
4 El Ghee
1 l Kokosmilch
2 Kaffir-Limettenblätter
2 El Fischsauce
100 g Zuckerschoten

Zubereitungszeit: ca. 30 Minuten
(plus Zeit zum Durchziehen, Schmor- und Garzeit)
Pro Portion ca. 843 kcal/3524 kJ
79 g E · 47 g F · 26 g KH

Das Hähnchen waschen, trocken tupfen und in 8 Teile schneiden. 1 El Currypulver mit Zucker, Salz mischen. Die Hähnchenteile darin gründlich wenden und etwa 1 Stunde durchziehen lassen.

Die Süßkartoffeln, Knoblauchzehen und Zwiebeln schälen. Süßkartoffeln würfeln, Knoblauch hacken, Zwiebeln in Ringe schneiden. Das Zitronengras putzen, schälen und die hellen Teile zerdrücken.

Ghee in einem Topf erhitzen und die Kartoffelstücke darin etwa 5 Minuten anbraten. Aus dem Topf nehmen und auf Küchenpapier abtropfen lassen.

Die Hähnchenteile zuerst mit der Hautseite nach unten in das Bratfett legen und von jeder Seite etwa 5 Minuten anbraten. Herausnehmen und auf Küchenpapier abtropfen lassen.

Knoblauch und Zwiebeln in das Bratfett geben und unter Rühren anschmoren. Restliches Currypulver, Kokosmilch, Zitronengras, Limettenblätter, Fischsauce sowie Hähnchenteile und Süßkartoffeln hinzufügen. Aufkochen und bei geschlossenem Deckel etwa 25 Minuten garen. Die Zuckerschoten putzen, waschen und in Streifen schneiden. Nach 15 Minuten Garzeit in das Curry geben.

Als ZUCKERSCHOTEN werden die vor dem Reifestadium geernteten Erbsen bezeichnet. In diesem Stadium sind die Schoten noch weich und essbar. Allerdings müssen sie gegart werden, da sie in rohem Zustand Entzündungen im Körper auslösen können.

IHRINGER WEISSBURGUNDER & CHARDONNAY KABINETT TROCKEN, WEINGUT STIGLER, BADEN (DEUTSCHLAND)

Dieser würzige, elegante Wein mit seinem ausgewogenen Säurespiel ist wie gemacht als Begleiter zu Salaten und leichten Fleisch- oder Fischgerichten.

PUTENCURRY BANGLADESCH INDIEN

Das Putenfleisch waschen, trocken tupfen und in etwa 8 Stücke schneiden. Knoblauch, Ingwer und Zwiebeln schälen. Die Zwiebeln fein hacken. Die Tomaten waschen, vom Stielansatz befreien und grob würfeln. Knoblauch, Ingwer, Tomaten, Tomatenmark, Kreuzkümmel im Mixer zu einer Paste verarbeiten.

Das Öl in einem Topf erhitzen und die Zwiebeln darin anbräunen. Currypulver einrühren und nach einigen Sekunden 4 El Wasser einrühren und aufkochen. Koriander und Kurkuma hinzufügen und Garam masala mit etwas Wasser zugeben.

Die Putenstücke salzen und im Topf in den Gewürzen einige Minuten unter Rühren schmoren. Die Tomatenwürzpaste einrühren und nach 2 Minuten die Brühe angießen. Die Fleischstücke etwa 20 Minuten gar köcheln.

Anschließend mit Zitronensaft abschmecken und servieren.

Für 4 Portionen
900 g Putenfleisch
6 Knoblauchzehen
2 cm Ingwerwurzel
5 Zwiebeln
2 Tomaten
1 El Tomatenmark
1 Tl Kreuzkümmelsamen
4 El Öl
4 Tl Currypulver
3 Tl Korianderpulver
½ Tl Kurkuma
¼ Tl Garam masala (s. S. 225)
Salz
750 ml Hühnerbrühe
1 Tl Zitronensaft

Zubereitungszeit: ca. 25 Minuten
(plus Schmor- und Garzeit)
Pro Portion ca. 516 kcal/1792 kJ
67 g E · 25 g F · 6 g KH

CURRY MIT HÜHNER-FLEISCHBÄLLCHEN INDIEN

Den Quark mit Tomatenmark, 1 Tl Kurkuma, Garam masala, Kreuzkümmel, 1 Tl Salz und Cayennepfeffer mischen. Das Hühnchenfleisch waschen, trocken tupfen und durch den Fleischwolf drehen. Die Knoblauchzehen schälen und hacken. Das Hackfleisch mit der Hälfte des Knoblauchs, dem Ei, Mehl und dem Würzquark zu einem glatten Teig verarbeiten. Aus dem Fleischteig mit angefeuchteten Händen etwa 20 Bällchen formen und jedes mit einer Mandel füllen.

Die Zwiebeln und Ingwerwurzel schälen. Die Zwiebeln würfeln, den Ingwer fein hacken. Die Tomaten waschen, vom Stielansatz befreien und fein würfeln.

Das Öl in einem breiten Topf erhitzen und die Zwiebeln darin etwa 10 Minuten anbräunen. Zimt, Kardamomkapseln und Lorbeerblätter zugeben und 3 Minuten mitschmoren. Tomaten, restlichen Knoblauch, Ingwer, Koriander und restlichen Kurkuma hinzufügen und den Joghurt sowie 100 ml Wasser einrühren. Die Mischung abgedeckt etwa 10 Minuten köcheln. Die Fleischbällchen in die Sauce geben, gut damit bedecken und etwa 20 Minuten köcheln. Die Sauce dabei cremig einkochen. Die großen Gewürze aus der Sauce nehmen.

Die Chilischoten putzen, waschen, entkernen und in dünne Ringe schneiden. Das Hackbällchencurry mit Chiliringen bestreut servieren.

Für 4 Portionen
2 El Quark
2 El Tomatenmark
2 Tl Kurkuma
1 Tl Garam masala (s. S. 225)
1 Tl Kreuzkümmelpulver
Salz
1 Tl Cayennepfeffer
500 g Hühnerfleisch
4 Knoblauchzehen
1 Ei
3 El Tapiokamehl
20 ungeschälte Mandeln
5 Zwiebeln
5 cm Ingwerwurzel
500 g Tomaten
3 El Öl
1 Zimtstange
4 grüne Kardamomkapseln
2 Lorbeerblätter
500 g Joghurt
2 grüne Chilischoten

Zubereitungszeit: ca. 35 Minuten
(plus Schmor- und Garzeit)
Pro Portion ca. 518 kcal/1884 kJ
39 g E · 30 g F · 20 g KH

FISCH-CURRYS

Indien ist an drei Seiten vom Meer umgeben, da überrascht die Vielzahl von Rezepten mit Fisch und Meeresfrüchten nicht.

Der Fang und die Zucht von Fischen und Meeresfrüchten macht einen wichtigen Bereich der indischen Wirtschaft aus, etwa 30 % des weltweiten indischen Exports betrifft Fische und Meeresfrüchte.

FISCH- UND MEERESFRÜCHTE-CURRYS

Der Fischfang wird in Indien sowohl in den Binnengewässern, Flüssen und Seen, als auch in Meeresarmen und Lagunen, an der Küste und auf hoher See betrieben. Hauptumschlagplatz für den indischen Fischexport ist die Hafenstadt Kochin in Kerala. Vor allem Garnelen und verarbeiteter Fisch werden exportiert.

Zu den Fischsorten, die man in Indien findet, gehören unter anderen Tilapia, Red Snapper, Pomfret, Indische Makrele, Kabeljau, Streifenfisch, Rohu, Seebrasse und Sardinen.

Fische und Meeresfrüchte aller Art sind Speisen, die auch die einheimische Bevölkerung schätzt. In allen Küstenstädten und Orten, die an Gewässern liegen, werden in den Dorfküchen und Garküchen am Straßenrand duftendes Garnelencurry, gebackene Muscheln, gebratener Fisch und in Bananenblatt gedämpfte Fische angeboten.

Die Zubereitung von Fischgerichten wechselt mit der Region. Im heißen Süden des Landes werden Fisch und Meeresfrüchte gerne mit Tamarindenpaste oder -wasser zubereitet. Der säuerliche Geschmack erfrischt und konserviert auf natürliche Weise. In Tamarindenbrühe pochierter Fisch ist eine Woche ohne Kühlung haltbar, wenn er täglich aufgekocht wird.

Bei Gerichten mit süßlich, fettreicher Kokosmilch sorgt Tamarinde für den harmonischen Geschmacksausgleich.

Andere Regionen lieben Fisch, der mit zerstoßenen Senfsamen zubereitet wird, oder man reibt ihn mit Kurkuma und Salz ein. Fisch wird in zerstoßenen gerösteten Gewürzen pochiert, mit Chutney ummantelt oder in Joghurt eingelegt. Beilagen zu Fisch sind Reis, Brot oder Reisnudeln.

Indische Händler und britische Geschäftsleute, die indische Hilfsarbeiter beschäftigten, haben Fischrezepte samt den passenden Gewürzen in viele Teile der Welt getragen.

FISCHCURRY MIT BOHNEN
UND TOMATEN

FISCHCURRY MIT ZUCKERSCHOTEN
UND TOMATEN

FISCHCURRY MIT SHITAKE
UND TOMATEN

FISCHCURRY MIT GARNELEN UND TOMATEN

FISCHCURRY MIT MUSCHELN UND TOMATEN

FISCHCURRY MIT STANGENSELLERIE UND TOMATEN

FISCHCURRY MIT AUBERGINE UND TOMATEN INDIEN

Die geriebene Kokosnuss in 600 ml kochendes Wasser geben und 30 Minuten ziehen lassen. Das Wasser durch ein Sieb gießen, die Kokosflocken gut ausdrücken. Kokoswasser beiseite stellen.

Den Ingwer, die Schalotten und den Knoblauch schälen. Ingwer reiben, Schalotten und Knoblauch fein hacken.

1 El Öl in einer Pfanne erhitzen und die Samen darin braten, bis sie zu springen beginnen. Restliche Gewürze, Ingwer, Zwiebeln und Knoblauch zugeben und unter Rühren anbräunen. Limettensaft, Kokoswasser und -milch hinzufügen und salzen.

Aubergine und Tomaten waschen, vom Stielansatz befreien. Die Aubergine längs vierteln und in Scheiben schneiden, Tomaten achteln. Die Chilischoten putzen, waschen entkernen und hacken. Das Fischfilet waschen, trocken tupfen und würfeln.

Das restliche Öl in einer Pfanne erhitzen und die Fischwürfel darin anbraten. Herausnehmen und beiseite stellen. Die Auberginen im Bratfett weich schmoren, die Tomaten zugeben und alles weitere 3 Minuten schmoren.

Fisch und Gemüse in die Currysauce geben, erhitzen, abschmecken und servieren.

Für 4 Portionen
100 g frisch geriebene Kokosnuss*
3 cm Ingwerwurzel
3 Schalotten*
3 Knoblauchzehen
4 El Erdnussöl*
1/2 Tl Senfsamen*
1 Tl Fenchelsamen*
1 El gemahlener Koriander
1 Tl gemahlener Kreuzkümmel
1 Tl Kurkuma
1 Tl Chilipulver
2 El Limettensaft*
150 ml Kokosmilch
Salz
1 Aubergine*
2 Tomaten
6 grüne Chilischoten*
600 g Zanderfilet*

Zubereitungszeit: ca. 20 Minuten (plus Einweich-, Schmor- und Garzeit)
Pro Portion ca. 346 kcal/1449 kJ
32 g E · 21 g F · 8 g KH

* Die mit einem Sternchen versehenen Zutaten können ausgetauscht werden. Gewürze und Kräuter je nach Belieben.

RIESENGARNELEN IN KOKOSSAUCE ASIEN

Für 4 Portionen
12 rohe Riesengarnelen
Saft von 1 unbehandelten Limette
2 Bund Frühlingszwiebeln
3 cm Ingwerwurzel
2 Knoblauchzehen
2 grüne Chilischoten
4 El Sesamöl
1 Tl Currypulver
½ Tl Chilipulver
1 El Korianderpulver
1 Tl Kurkuma
Salz, Pfeffer
6 El Kokossirup
4 El Sojaöl
Limettenscheiben zum Garnieren

Zubereitungszeit: ca. 30 Minuten (plus Schmor- und Garzeit)
Pro Portion ca. 507 kcal/2123 kJ
58 g E · 25 g F · 14 g KH

Die Garnelenköpfe abschneiden, Garnelen aus der Schale lösen und das letzte Schwanzstück dranlassen. Den Darm herauslösen und die Garnelen längs bis zum Schwanz halbieren, sodass sich die beiden Hälften auseinanderklappen lassen. Garnelen waschen und trocken tupfen. Auf einen Teller setzen und mit Limettensaft beträufeln.

Die Frühlingszwiebeln putzen, waschen, zwei Zwiebeln in Streifen schneiden, die restlichen Frühlingszwiebeln fein hacken. Ingwer und Knoblauch schälen und fein hacken. Chilischoten putzen, waschen, halbieren, entkernen und hacken.

Das Sesamöl in einer Pfanne erhitzen und gehackte Frühlingszwiebeln, Ingwer, Knoblauch und Chili darin 3–4 Minuten anschmoren.

Die Gewürze zugeben und bei geschlossenem Deckel 3 Minuten schmoren. Kokossirup unterrühren.

Das Sojaöl in einer zweiten Pfanne erhitzen. Die Garnelen trocken tupfen und portionsweise im Öl von jeder Seite etwa 2 Minuten braten. In die Kokossauce geben.

Mit Frühlingszwiebelstreifen und Limettenscheiben garniert servieren.

RIESENGARNELN, auch als Gambas bezeichnet, sind in englischsprachigen Ländern als Prawns bekannt. Sie gehören wie alle anderen kleinen, mittleren und größeren Garnelenarten zu den Schwimmkrebsen. Ihr auffälligstes Merkmal ist, dass sie keine Scheren haben und keinen harten Panzer. Da sie sich recht zahlreich vermehren, besteht noch keine Gefahr der Überfischung. Vielfach werden Garnelen auch in Süßwasser gezüchtet.

RIESLING „HUGEL", ELSASS (FRANKREICH)

Ein sehr fruchtiger erfrischender Riesling mit den typischen Aromen von Apfel-, Pfirsich- und Zitrusnoten begleitet die Riesengarnelen mit seiner angenehm seidigen Struktur.

ॐ

FISCH IN JOGHURTSAUCE

INDIEN

Die Bohnen putzen, waschen und in Stücke schneiden. Die Karotte schälen und würfeln. Die Erbsen waschen und abtropfen lassen. Die Chilischoten putzen, waschen, entkernen und hacken.

Das Gemüse bis auf die Chilischoten mit Chilipulver, Kurkuma, Salz und der Brühe in einem Topf zum Kochen bringen und etwa 15 Minuten weich köcheln.

Den Joghurt mit Koriander, Kokosraspel und Chilischoten verrühren.

1 El Öl in einer Pfanne erhitzen und die Senfsamen darin zum Platzen bringen. Die Curryblätter zugeben und 30 Sekunden mitschmoren. Das Gemüse mit Sauce hinzufügen und 2 Minuten köcheln. Pfanne vom Herd nehmen und die Joghurtmischung einrühren.

Das Fischfilet waschen, trocken tupfen und würfeln. Das restliche Öl erhitzen und die Fischwürfel darin 3 Minuten von allen Seiten braten. Fischwürfel aus der Pfanne nehmen, auf Küchenpapier abtropfen lassen und in die Joghurt-Gemüsesauce geben. Alles weitere 2 Minuten erhitzen und servieren.

Für 4 Portionen

- 100 g grüne Bohnen
- 1 Karotte
- 50 g Erbsen ohne Schoten
- 2 grüne Chilischoten
- 1/4 Tl Chilipulver
- 1/2 Tl Kurkuma
- Salz
- 325 ml Gemüsebrühe
- 225 ml Joghurt
- 1 Tl Korianderpulver
- 2 El Kokosraspel
- 3 El Öl
- 1/2 Tl Senfsamen
- 8 Curryblätter
- 600 g Fischfilet, z. B. Kabeljau, Pangasius

Zubereitungszeit: ca. 30 Minuten (plus Schmor- und Garzeit)
Pro Portion ca. 278 kcal/1167 kJ
30 g E · 14 g F · 8 g KH

BENGALISCHES FISCHFILET NORDINDIEN

Für 4 Portionen
75 g weiße Senfkörner
80 ml Essig
3½ Tl Salz
1 Tl Zucker
2 Tl Kurkuma
700 g festes Fischfilet
1 El rotes Chilipulver
500 ml Sonnenblumenöl
50 ml Chiliöl
1 Tl schwarze Senfkörner
2 rote Zwiebeln
2 Tl Kreuzkümmelpulver
300 ml Fischfond
2 Tomaten
5 grüne Chilischoten
3 El Kokoscreme
½ Bund frisch gehackter Koriander

Zubereitungszeit: ca. 35 Minuten
(plus Einweich-, Schmor- und Garzeit)
Pro Portion ca. 5[illegible]7 kcal/2248 kJ
34 g E · 41 g F · 7 g KH

Die weißen Senfkörner über Nacht im Essig einweichen. Dann abtropfen lassen und im Mörser zu einer Paste zerdrücken. Mit 1 Tl Salz, Zucker und 1 Tl Kurkuma verrühren.

Das Fischfilet waschen, trocken tupfen und mit 1 Tl Salz, je 1 Tl Chilipulver und Kurkuma einreiben. Das Öl in einem hohen Topf erhitzen und das Fischfilet darin 2 Minuten frittieren. Auf Küchenpapier abtropfen lassen und warm stellen.

Das Chiliöl in einem Topf erhitzen und die schwarzen Senfkörner darin zum Platzen bringen. Die Zwiebeln schälen und in Ringe schneiden. Zu den Senfkörnern geben und anbräunen.

Die Senfpaste einrühren und 5 Minuten mitschmoren. Kreuzkümmelpulver, restliches Chilipulver, Fischfond und restliches Salz hinzufügen und 3 Minuten köcheln.

Die Tomaten waschen, vom Stielansatz befreien und achteln. Die Chilischoten putzen, waschen und längs aufschneiden. Fisch, Tomaten und Chilischoten in die Sauce geben und alles weitere 7 Minuten köcheln. Die Kokoscreme einrühren und nach Belieben mit Zucker abschmecken. Mit gehacktem Koriander bestreut servieren.

KORIANDER ist auch als persische bzw. chinesische Petersilie, in den USA als Cilantro, bekannt. Sein zitronig-würziges Aroma wird von einigen Menschen als unangenehm empfunden, andere lieben den unverwechselbaren Geschmack, den frischer Koriander Speisen verleiht. Getrocknet entfaltet er nur halb so viel Aroma.

CREMIGES GARNELEN-CURRY NORDINDIEN

Die Garnelen entdarmen, waschen und trocken tupfen. Mit etwas Salz und Kurkuma bestreuen. 1 El Öl in einer Pfanne erhitzen und die Garnelen darin 3 Minuten braten. Die Pfanne vom Herd nehmen.

Die Zwiebeln schälen und reiben. Die geriebene Kokosnuss bis auf 2 Tl mit 300 ml kochendem Wasser übergießen. Den Ingwer schälen und zu einer Paste pürieren.

Kokosnuss abgießen, das Wasser auffangen, Kokosfruchtfleisch gut ausdrücken. Das Kokoswasser beiseite stellen. (Kokosfruchtfleisch anderweitig verwenden.)

Das restliche Öl in einer Pfanne erhitzen und die Lorbeerblätter, Kardamomkapseln, Nelken und Zimtstange darin 1 Minute braten. Die Zwiebeln zugeben und 2 Minuten mitschmoren. Das Chilipulver mit 2 El Wasser einrühren und alles weitere 2 Minuten schmoren, bis sich das Öl absetzt. Die Ingwerpaste hinzufügen und 2 Minuten mitschmoren. Nach Bedarf etwas Wasser zugeben, damit nichts anbrennt.

Die Garnelen und das Kokoswasser zugeben und 2 Minuten köcheln. Ghee unterrühren, bis die Sauce cremig wird, und das Curry mit Salz abschmecken. Mit dem restlichen geriebenen 2 Tl Kokosfruchtfleisch bestreut servieren.

Für 4 Portionen
12–16 mittelgroße geschälte Garnelen
Salz
1/2 Tl Kurkuma
3 El Öl
2 Zwiebeln
300 g frisch geriebene Kokosnuss
2 cm Ingwerwurzel
2 Lorbeerblätter
3 grüne Kardamomkapseln
3 Gewürznelken
2 cm Zimtstange
1 Tl rotes Chilipulver
1 El Ghee

Zubereitungszeit: ca. 20 Minuten
(plus Schmor- und Garzeit)
Pro Portion ca. 541 kcal/2275 kJ
40 g E · 40 g F · 5 g KH

KARIBISCHES FISCHCURRY

TRINIDAD

Den Fisch waschen, trocken tupfen und auf beiden Seiten mit dem Messer etwa 2 cm tief einschneiden. Mit 2 Tl Salz und 1 El Zitronensaft Fisch außen und innen einreiben und in eine Schüssel legen. Nach 10 Minuten abwaschen und trocken tupfen.

Die Zwiebeln, Knoblauchzehen und Ingwerwurzel schälen und hacken. Die Frühlingszwiebeln putzen, waschen, die weißen Teile in dünne Ringe schneiden. 6 El gehackte Zwiebeln mit der Hälfte des Knoblauchs, Ingwer, Frühlingszwiebelringen, Pfeffer, Kurkuma, dem restlichen Zitronensaft, 1/2 Tl Salz und 2 El Wasser im Mixer zu einer Paste verarbeiten. Den Fisch mit der Paste außen und innen einreiben und 30 Minuten durchziehen lassen.

Die Chilischote putzen, waschen, entkernen und hacken. Die Tomaten waschen, vom Stielansatz befreien und reiben.

Das Öl in einem Topf erhitzen. Restliche Zwiebeln, Knoblauch und Chili darin unter Rühren anbräunen. Curry- und Chilipulver zugeben und 10 Sekunden mitschmoren. Tomaten und Fond angießen und mit 1/2 Tl Salz würzen. Bei geschlossenem Deckel und niedriger Temperatur etwa 30 Minuten köcheln.

Den Backofen auf 180 °C (Umluft 160 °C) vorheizen. Den marinierten Fisch in eine Auflaufform legen, mit der Currysauce begießen und im Ofen etwa 25 Minuten garen.

Für 4 Portionen
900 g küchenfertiger Fisch, z. B. Red Snapper
Salz
2 El Zitronensaft
6 Zwiebeln
5 Knoblauchzehen
2 cm Ingwerwurzel
2 Frühlingszwiebeln
Pfeffer
1/2 Tl Kurkuma
1 grüne Chilischote
4 Tomaten
3 El Öl
3 Tl Currypulver
1 Tl rotes Chilipulver
400 ml Fischfond

Zubereitungszeit: ca. 35 Minuten
(plus Marinier-, Schmor- und Garzeit)
Pro Portion ca. 363 kcal/1522 kJ
44 g E · 17 g F · 7 g KH

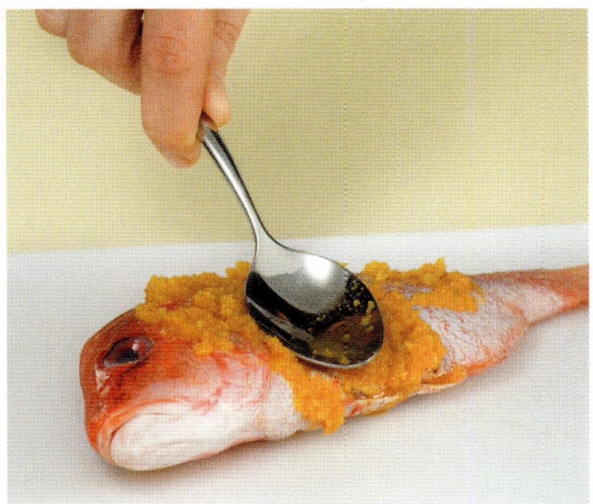

TIPP:

Statt mit Red Snapper können Sie das Gericht auch mit Rotbarben zubereiten. Nehmen Sie dann pro Person einen Fisch.

GARNELENCURRY MIT
PALMHERZEN

GARNELENCURRY MIT
TOMATEN UND KNOBLAUCH

GARNELENCURRY MIT
ZITRONENGRAS UND KICHERERBSEN

GARNELENCURRY MIT LINSEN UND JACKFRUCHT

TINTENFISCHCURRY MIT KÜRBIS

KREBSCURRY MIT KÜRBIS

GARNELENCURRY MIT KÜRBIS SÜDINDIEN

Ingwer und Zwiebeln schälen, den Ingwer fein hacken, die Zwiebeln in dünne Ringe schneiden. Die Chili putzen, waschen und längs aufschneiden. Das Kürbisfleisch waschen und in Spalten schneiden. (Hokaido braucht nicht geschält zu werden.)

Das Öl in einer Pfanne erhitzen und die Senfkörner sowie den Kreuzkümmel darin zum Platzen bringen. Curryblätter, Ingwer, Chili und Zwiebeln hinzufügen und alles bei geringer Temperatur etwa 15 Minuten unter Rühren schmoren.

Kürbisfleisch, Kurkuma und 1/4 Tl Salz unterrühren. Kokosmilch und Brühe angießen und aufkochen.

Die Garnelen entdarmen, waschen und trocken tupfen. In die Sauce geben und 6–7 Minuten darin garen. Garam masala und Limettensaft in die Sauce rühren und abschmecken.

* Die mit einem Sternchen versehenen Zutaten können ausgetauscht werden. Gewürze und Kräuter je nach Belieben.

Für 4 Portionen
2 cm Ingwerwurzel*
2 Zwiebeln*
2 grüne Chilischoten*
150 g Kürbisfleisch (Hokaido)*
2 El Öl
1/2 Tl Senfkörner
1 Prise Kreuzkümmelsamen
8 Curryblätter
1/2 Tl Kurkuma
Salz
300 ml Kokosmilch
150 ml Hühnerbrühe*
14–16 rohe Riesengarnelen ohne Schale*
1/4 Tl Garam masala* (s. S. 225)
1 Tl Limettensaft*

Zubereitungszeit: ca. 25 Minuten
(plus Schmor- und Garzeit)
Pro Portion ca. 276 kcal/1153 kJ
41 g E · 11 g F · 5 g KH

PERRIN BLANC, CÔTES DU LUBÉRON, RHÔNE (FRANKREICH)

Ein knackig-frischer Weißwein mit Aromen von Apfel und Birne, elegant und leicht, der nicht nur zu diesem Fischcurry passt.

MARINIERTER FISCH MIT OKRA USA

Für 4–6 Portionen
900 g Fischfilet, z.B. Lachs
Salz
1 Tl Cayennepfeffer
3/4 Tl Kurkuma
250 g Okraschoten
3 Tl braune Sesamsamen
1 1/2 El gemahlener Koriander
1 Tl gemahlener Kreuzkümmel
1 Tl Currypulver
250 g Tomatenwürfel aus der Dose
2 El Öl
1 El Chiliöl
1/2 Tl Fenchelsamen
15 Curryblätter
Limettenachtel zum Garnieren

Zubereitungszeit: ca. 30 Minuten (plus Zeit zum Durchziehen, Schmor- und Garzeit)
Pro Portion ca. 546 kcal/2284 kJ
14 g E · 163 g F · 14 g KH

Das Fischfilet waschen, trocken tupfen und in Stücke (5 x 7 cm) schneiden. Je 1/2 Tl Salz, Cayennepfeffer und Kurkuma mischen und die Fischstücke damit bestreuen. Etwa 1 Stunde abgedeckt durchziehen lassen.

Die Okraschoten putzen, waschen und in kochendem Salzwasser etwa 15 Minuten garen. Dann abgießen und abtropfen lassen.

2 Tl Senfsamen in der Mühle mahlen und mit Koriander, Kreuzkümmel, Curry, restlichem Cayennepfeffer und Kurkuma, 1/4 Tl Salz und den Tomaten sowie 120 ml Wasser mischen.

Das Öl mit dem Chiliöl in einem Topf erhitzen und die restlichen Senfsamen darin zum Platzen bringen. Dann die Fenchelsamen unterrühren. Die Currymischung, 250 ml Wasser und die Curryblätter in den Topf geben und die Mischung bei geringer Temperatur 10 Minuten köcheln.

Die Fischstücke sowie die Okraschoten in die Sauce geben und 5 Minuten köcheln. Fischstücke wenden und weitere 5 Minuten köcheln. Mit Limettenachteln garniert servieren.

Der LACHS oder Salm ist einer der Fische, die zum Laichen täglich Hunderte von Kilometern vom Salz- ins Süßwasser zurücklegen und nach dem Laichen den gleichen Weg zurück antreten. Lachse findet man im Nordatlantik oder Pazifik, wo sie teilweise noch wild gefangen werden, was sich im Preis wiederspiegelt. Die meisten Lachse stammen jedoch aus Aquafarmen, da die Lachsbestände stark gefährdet sind.

OKRASCHOTEN, die auch griechische Hörnchen oder auf Englisch Lady's fingers heißen, stammen von einer Eibischart, dem Okrastrauch, von dem sie stets unreif geerntet werden. Die hellgrünen, länglichen, kantigen Schoten sind von der Konsistenz her eine Mischung aus Peperoni und Paprika und haben einen säuerlichen, mildwürzigen Geschmack. Die Kerne im Inneren bilden eine schleimige Masse, weshalb Okras vor dem Essen gekocht werden müssen. Als Zutat sind sie vor allem in der karibischen Küche sehr beliebt.

GRÜNES FISCHCURRY INDIEN

Fischfilet waschen und trocken tupfen. 2 Tl Limettensaft mit Kurkuma und etwas Salz verrühren, das Fischfilet damit einreiben. Abgedeckt etwa 30 Minuten durchziehen lassen.

Die Mohnsamen mit 2 El Wasser im Mörser zerstoßen. Die Chilischoten putzen, waschen und hacken. Zwiebeln und Knoblauch schälen und hacken. Chili, Zwiebeln, Knoblauch, Cashewkerne, Kardamomkapseln, Fenchelsamen und Muskatblüte im Mixer zu einer Paste verarbeiten. Den gemahlenen Koriander mit etwas Wasser glatt rühren.

Frischen Koriander und Minze waschen, trocken schütteln und getrennt im Mixer pürieren.

Das Öl mit den Kreuzkümmelsamen in einer Pfanne erhitzen, bis es duftet. Die Korianderpaste einrühren und kurz mitschmoren. Dann Mohn und die Würzmischung mit Kokosnuss hinzufügen und alles 7 Minuten unter Rühren schmoren.

Koriander- und Minzpüree in die Pfanne geben, salzen und aufkochen. 300 ml Wasser und die Brühe angießen, mit Zucker und restlichem Limettensaft abschmecken. Das Fischfilet in Stücke schneiden und in der Sauce 8–10 Minuten garen. Mit Reis servieren.

Für 4 Portionen

750 g Fischfilet, z. B. Petersfisch
4 Tl Limettensaft
1/2 Tl Kurkuma
Salz
2 El Mohnsamen
5 grüne Chilischoten
2 Zwiebeln
5 Knoblauchzehen
50 g Cashewkerne
6 grüne Kardamomkapseln
1/2 Tl Fenchelsamen
1/2 Tl gemahlene Muskatblüte
2 Tl gemahlener Koriander
1/2 Bund frischer Koriander
5 Minzeblätter
75 ml Öl
2 Tl Kreuzkümmelsamen
100 g frisch geriebene Kokosnuss
350 ml Gemüsebrühe
Zucker

Zubereitungszeit: ca. 35 Minuten
(plus Zeit zum Durchziehen, Schmor- und Garzeit)
Pro Portion ca. 589 kcal/2465 kJ
40 g E · 42 g F · 11 g KH

ROTES FISCHCURRY MIT MIESMUSCHELN

THAILAND

Die getrockneten Chilischoten in Wasser einweichen und anschließend hacken. Die frischen Chilis putzen, entkernen und hacken. Galgant und Zitronengras schälen und beides fein hacken. Die Knoblauchzehen und Zwiebeln schälen und hacken.

Eingeweichte und frische Chilis, Galgant, Zitronengras, Knoblauch, Zwiebeln, Limettenschale, Korianderwurzel und Garnelenpaste im Mixer mit Salz und etwas Wasser zu einer Paste verarbeiten.

Die Kokoscreme in einem Topf zum Kochen bringen und solange köcheln, bis die Flüssigkeit verkocht ist und sich Creme und Fett abgesetzt haben. Das Fett abschöpfen und in einem Topf erhitzen. 4 El der zubereiteten Currypaste hinzufügen (Rest anderweitig verwenden) und etwa 10 Minuten schmoren, bis es duftet.

Palmzucker und Fischsauce zugeben und mit Fond und Kokosmilch ablöschen.

Die Möhren schälen und in dünne Streifen schneiden. Die Muscheln gründlich abbürsten und waschen. Geöffnete Schalen wegwerfen.

Möhren und Muscheln in die Sauce geben und köcheln, bis die Muschelschalen sich öffnen. Geschlossene Schalen jetzt entfernen. Die Limettenblätter zerzupfen und unter das Curry heben. Die Chilischote putzen, waschen, entkernen und schräg in Ringe schneiden. Über das Curry streuen und servieren.

Für 4 Portionen
5 getrocknete rote Chilischoten
2 frische rote Chilischoten
3 cm Galgantwurzel
3–4 Zitronengrasstängel
5 Knoblauchzehen
3 rote Zwiebeln
abgeriebene Schale von 2 Kaffir-Limetten
1 Tl gehackte Korianderwurzel
1 El Garnelenpaste
Salz
120 ml Kokoscreme
2 El Palmzucker
2½ El Fischsauce
125 ml Fischfond
500 ml Kokosmilch
3 Möhren
500 g Miesmuscheln
3 Kaffir-Limettenblätter
1 grüne Chilischote

Zubereitungszeit: Zubereitungszeit:
ca. 35 Minuten (plus Schmor- und Garzeit)
Pro Portion ca. 158 kcal/659 kJ
15 g E · 4 g F · 17 g KH

PALMZUCKER ist in vielen asiatischen Ländern eine beliebte Zutat. Er wird aus dem Blütensaft bestimmter Palmen, vor allem der Zuckerpalmen gewonnen. Die Palmen werden angeschnitten und der austretende Saft wird in Behältern aufgefangen. Bevor er zu gären beginnt, wird der Saft sirupartig eingekocht. Nach dem Trocknen wird er in Stücken oder rieselfähig angeboten.

CIRIO
nutella

FISCHCURRY MIT KARTOFFELN INDIEN

Das Fischfilet waschen, trocken tupfen und mit Salz und Kurkuma einreiben.

Die Kartoffeln waschen, schälen und in fingerlange Stücke schneiden. Die Chilis putzen, waschen und längs aufschneiden.

Kreuzkümmel- und Koriandersamen in der Pfanne ohne Fett rösten, bis sie duften. Herausnehmen, fein mahlen und zur Seite stellen.

2 El Senföl in einer Pfanne bis zum Siedepunkt erhitzen. Bei mittlerer Temperatur etwas abkühlen lassen, dann die Fischscheiben im Öl portionsweise von beiden Seiten braten. Aus der Pfanne nehmen und auf Küchenpapier abtropfen lassen.

Die Kartoffelstücke ins Bratfett geben und 2–3 Minuten schmoren. Das restliche Öl zugeben und Schwarzkümmelsamen sowie die grünen Chilischoten hinzufügen und braten.

Die beiseite gestellte Gewürzmischung einrühren und mit etwas Wasser unter Rühren aufkochen. 400 ml Wasser angießen und die Kartoffeln garen. Mit Salz abschmecken. Die Fischstücke in die Pfanne geben und 2–3 Minuten köcheln. Mit gehacktem Koriander bestreut servieren. Dazu schmeckt Reis.

Für 4 Portionen
750 g Fischfilet in Scheiben, z. B. Wolfsbarsch
Salz
2 Tl Kurkuma
2 Kartoffeln
5 grüne Chilischoten
1 1/2 El Koriandersamen
1 Tl Kreuzkümmelsamen
3 El Senföl
1/4 Tl Schwarzkümmelsamen
2 El frisch gehackter Koriander

Zubereitungszeit: ca. 25 Minuten (plus Schmor- und Garzeit)
Pro Portion ca. 272 kcal/856 kJ
36 g E · 9 g F · 11 g KH

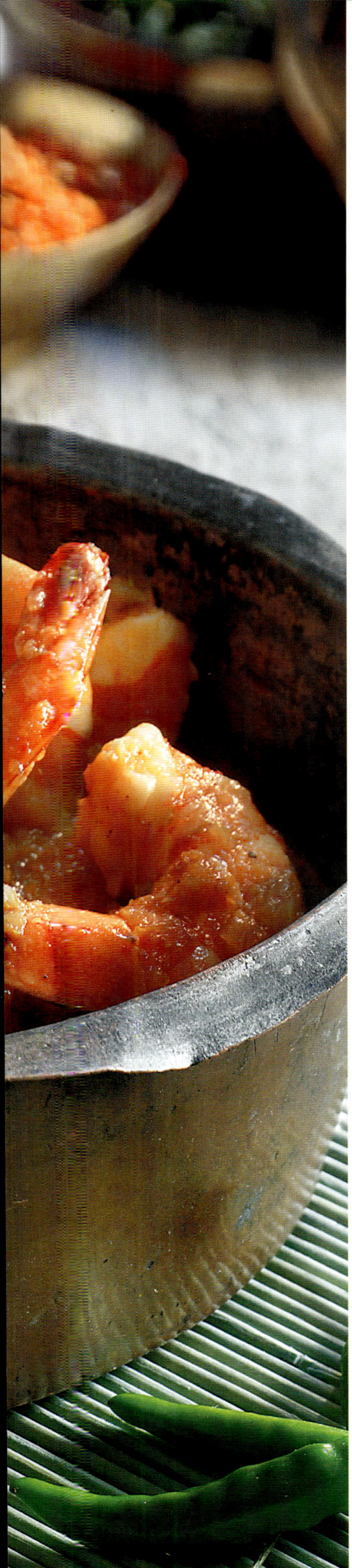

PIKANTES GARNELENCURRY

MUMBAI, INDIEN

Für 4 Portionen
450 g geschälte rohe Garnelen
8 grüne Chilischoten
5 Knoblauchzehen
3 Zwiebeln
2 Tl Kreuzkümmelsamen
6 El Öl
1 Tl gemahlener Kreuzkümmel
je 1 1/2 Tl gemahlener Koriander und Chilipulver
2 Tl Garam masala (s. S. 225)
3 El Tomatenmark
125 ml Tamarindenwasser
1 Tl Palmzucker
15 Curryblätter
Salz
1/2 Bund Koriander
200 ml Hühnerbrühe

Zubereitungszeit: ca. 30 Minuten (plus Schmorzeit)
Pro Portion ca. 324 kcal/1356 kJ
26 g E · 20 g F · 9 g KH

TIPP:

Dieses Gericht können Sie auch mit anderen Meeresfrüchten wie Muscheln oder Kalamares zubereiten.

Die Garnelen von den Därmen befreien, waschen und trocken tupfen. Die Chilischoten putzen, waschen, entkernen und hacken. Die Knoblauchzehen und Zwiebeln schälen und hacken. Kreuzkümmelsamen, die Hälfte des Knoblauchs und die Chilis im Mixer zu einer Paste verarbeiten.

Das Öl in einem großen Topf erhitzen und die Zwiebeln darin anbräunen. Die Würzpaste zugeben und 2 Minuten unter Rühren mitschmoren. Die restlichen Knoblauchzehen hinzufügen und 2 Minuten schmoren. Die gemahlenen Gewürze einrühren und schmoren. Das Tomatenmark und 3 El Wasser unterrühren und die Flüssigkeit einkochen.

Die Hälfte des Tamarindenwassers, Palmzucker und Curryblätter mit 1 1/2 Tl Salz in den Topf geben und pikant abschmecken. Nach Bedarf mit Zucker und Tamarindenwasser nachwürzen. Den Koriander waschen, trocken schütteln und hacken. Brühe angießen, Koriander einrühren und 5 Minuten köcheln. Die Garnelen in die Pfanne geben und in etwa 5 Minuten garen. Mit Dal servieren.

MAKRELENCURRY MIT SESAM UND ERDNUSSBUTTER

MAKRELENCURRY MIT TAMARINDE UND PALMHERZEN

MAKRELENCURRY MIT TINTENFISCH UND GARNELEN

ROTZUNGENCURRY MIT TAMARINDE UND KOKOS

TILAPIACURRY MIT KOKOS UND GEMÜSE

LACHSCURRY MIT KOKOS UND KÜRBIS

MAKRELENCURRY MIT TAMARINDE UND KOKOS SÜDINDIEN

Die Schalotten, den Ingwer und Knoblauch schälen und fein hacken. Die Tomaten vom Stielansatz befreien, waschen und reiben.

Das Öl in einem großen Topf erhitzen. Die Senfkörner darin zum Platzen bringen. Die Curryblätter zugeben und 1 Minute mitschmoren. Schalotten hinzufügen und glasig schmoren.

Ingwer, Knoblauch, Kurkuma, Curry, Koriander, Tomaten und das Tomatenmark unterrühren, 30 Sekunden durchschmoren, dann mit Salz abschmecken und weitere 3 Minuten schmoren. Tamarindenwasser und 300 ml Wasser angießen und aufkochen.

Das Fischfilet waschen, trocken tupfen und in Stücke schneiden. In die Sauce geben und garen. Bei geringer Temperatur die Kokosmilch zugeben und das Curry 2 Minuten köcheln.

Für 4 Portionen
3 Schalotten*
2,5 cm Ingwerwurzel*
2 Knoblauchzehen*
2 Tomaten*
2 El Öl
1 Tl Senfkörner
10 Curryblätter
1/4 Tl Kurkuma
1/2 Tl Currypulver
1 Tl gemahlener Koriander
1 Tl Tomatenmark*
Salz
3 El Tamarindenwasser* (s. S. 41)
600 g Makrelenfilet*
200 ml Kokosmilch*

Zubereitungszeit: ca. 30 Minuten
(plus Schmor- und Garzeit)
Pro Portion ca. 337 kcal/1406 kJ
29 g E · 23 g F · 4 g KH

* Die mit einem Sternchen versehenen Zutaten können ausgetauscht werden. Gewürze und Kräuter je nach Belieben.

ROTBARSCHCURRY MIT GEMÜSE SÜDAFRIKA

Für 4 Portionen
6 Baby-Auberginen
4 Zwiebeln
5 Knoblauchzehen
1 Tomate
3 El Öl
1/4 Tl Bockshornkleesamen
200 ml Fischbrühe
je 1/4 Tl Kurkuma und gemahlener Kreuzkümmel
1 Tl gemahlener Koriander
1/2 Tl Chilipulver
Salz
1 El Tamarindenpaste (s. S. 203)
600 g Rotbarschfilet
schwarzer Pfeffer
10 Curryblätter
3 rote Chilischoten
2 El frisch gehackter Koriander

Zubereitungszeit: ca. 25 Minuten (plus Schmor- und Kochzeit)
Pro Portion ca. 320 kcal/1346 kJ
35 g E · 16 g F 9 g KH

Die Auberginen putzen, waschen und trocken tupfen. Zwiebeln und Knoblauchzehen schälen und fein hacken. Die Tomate vom Stielansatz befreien, waschen und reiben.

Das Öl in einer Pfanne erhitzen und die Auberginen darin rundherum anbraten. Aus der Pfanne nehmen und auf Küchenpapier abtropfen lassen. Die Bockshornkleesamen im Bratfett zum Springen bringen. Dann Zwiebeln und Knoblauch zugeben und anschwitzen.

Die geriebene Tomate mit der Brühe und den gemahlenen Gewürzen hinzufügen und mit 1/2 Tl Salz würzen. Die Mischung aufkochen und bei geschlossenem Deckel und geringer Temperatur etwa 10 Minuten köcheln.

Die Tamarindenpaste, die Auberginen und 250 ml Wasser sowie 1/2 Tl Salz zugeben und alles abgedeckt weitere 20 Minuten köcheln.

Das Rotbarschfilet waschen, trocken tupfen und in größere Stücke schneiden. Mit Salz und Pfeffer würzen und in einen Bräter legen. Die Currysauce darübergeben und 8–10 Minuten köcheln. Die zerzupften Curryblätter unterheben.

Die ganzen roten Chilischoten und den gehackten Koriander vor dem Servieren über das Curry geben.

TAMARINDENPASTE wird aus dem gepressten Tamarindenfruchtfleisch hergestellt. Für etwa 175 g Paste 125 g Tamarinde in 250 ml heißem Wasser einweichen und 3 Stunden quellen lassen. Dann durch ein Sieb (kein Metall verwenden) streichen, die Tamarinde zerkrümeln und ausdrücken. Diese Tamarindenstücke in einem Topf mit 60 ml Wasser übergießen und zerstampfen. Erneut durchsieben und das Mark herausdrücken.

Wie ihre großen Schwestern gehören auch die BABYAUBERGINEN zu den Nachtschattengewächsen und sind roh giftig. Botanisch gesehen sind sie eigentlich Beeren. Wegen ihrer Form werden sie auch als Eierfrüchte bezeichnet. Die kleinen sind allerdings eher rund. Züchtungen haben neben den auberginfarbenen auch weiße und hellgelbe Auberginen hervorgebracht. Das Fruchtfleisch schmeckt relativ neutral, weshalb es gut mit jedem Gewürz harmoniert.

FISCHCURRY MIT BAMBUS

SÜDOSTASIEN

1 Zitronengrasstängel schälen und grob hacken. Galgant, Fingerwurz, Knoblauch und Zwiebel schälen und hacken. Die Zutaten mit Limettenschale, 4 zerzupften Limettenblättern, Koriander und Kurkuma im Mixer mit etwas Wasser zu einer Paste verarbeiten.

Den zweiten Zitronengrasstängel schälen. Die Bambussprossen abgießen und in Scheiben schneiden. Den Spinat putzen, waschen, abtropfen lassen und in Streifen schneiden.

Das Öl in einem Topf erhitzen. Die Würz- und Garnelenpaste darin unter Rühren 2 Minuten schmoren, bis es duftet. Zucker einrühren. Die Kokosmilch zugeben und langsam erhitzen.

Den zweiten Zitronengrasstängel und die restlichen, leicht zerdrückten Limettenblätter zugeben und 5 Minuten köcheln. Inzwischen das Fischfilet waschen, trocken tupfen und würfeln. Fischwürfel mit Bambussprossenscheiben und Spinat in die Sauce geben und abgedeckt 5 Minuten köcheln.

Die Chilischoten putzen, waschen und in dünne Ringe schneiden. Das Curry anrichten. Chili und Reisnudeln getrennt zum Curry reichen.

Für 4 Portionen
- 2 Zitronengrasstängel
- 30 g Galgant
- 30 g Fingerwurz
- 2 Knoblauchzehen
- 1 Zwiebel
- abgeriebene Schale von 1 unbehandelten Limette
- 10 Kaffir-Limettenblätter
- 1 El gemahlener Koriander
- 1 El Kurkuma
- 1 kleine Dose Bambussprossen
- 250 g Spinat
- 3 El Erdnussöl
- 1 El Garnelenpaste
- 1 El Palmzucker
- 750 g Kokosmilch
- 750 g Fischfilet, z.B. Wels (Pangasius)
- 2 rote Chilischoten
- 250 g gegarte Reisnudeln

Zubereitungszeit: ca. 40 Minuten
(plus Schmor- und Garzeit)
Pro Portion ca. 491 kcal/2055 kJ
44 g E · 10 g F · 56 g KH

FISCHCURRY IN SENFSAUCE SÜDINDIEN

Die Fischsteaks waschen, trocken tupfen und mit Salz und Zitronensaft einreiben. 30 Minuten durchziehen lassen. Anschließend gut abspülen und trocken tupfen.

Die Mohnsamen in einer Pfanne ohne Fett rösten, bis sie duften. Mohn mit etwas Wasser im Mörser zerstoßen. Das Kokosnussfleisch würfeln. Ingwer, Knoblauch und Schalotten schälen und grob hacken. Chilischoten putzen, waschen, entkernen. Mohnpulver mit Senfsamen, Kurkuma, Kokosnuss, Ingwer, Knoblauch, Chilischoten, Koriander, Kreuzkümmel, Chilipulver und gehackten Zwiebeln im Mixer mit 125 ml Wasser zu einer Paste verarbeiten.

Das Öl in einer Pfanne erhitzen und die Gewürzpaste darin unter Rühren 7 Minuten schmoren. Sollte sie anbrennen, noch etwas Wasser zugeben. Das Tomatenmark einrühren und kurz mitschmoren. Brühe und Zitronensaft hinzugeben und die Mischung 5 Minuten köcheln. Die Fischsteaks in die Sauce legen und darin etwa 10–12 Minuten garen. Mit Basmatireis servieren.

Für 4 Portionen
4 Fischsteaks, z. B. Heilbutt
Salz
2 El Zitronensaft
2 El Mohnsamen
60 g Kokosnussfleisch
2 cm Ingwerwurzel
6 Knoblauchzehen
2 Schalotten
2 grüne Chilischoten
2 El schwarze Senfkörner
1 Tl Kurkuma
2 Tl gemahlener Koriander
2 Tl gemahlener Kreuzkümmel
1 Tl Chilipulver
5 El Öl
2 El Tomatenmark
500 ml Fischbrühe
Saft von 1/2 Zitrone

Zubereitungszeit: ca. 30 Minuten
(plus Zeit zum Durchziehen, Schmor- und Garzeit)
Pro Portion ca. 484 kcal/1559 kJ
45 g E · 31 g F · 7 g KH

HATTENHEIMER WISSELBRUNNEN RIESLING SPÄTLESE TROCKEN, SCHLOSS REINHARTSHAUSEN, RHEINGAU (DEUTSCHLAND)

Diese zarte Weißweincuvée aus Verdejo und Viura zeigt sich blassgelb im Glas, in der Nase hinterlässt sie einen leichten, frischen Eindruck. Tropische Früchte, Zitrusaromen und eine elegante Säure machen sie zu einem hervorragenden Essensbegleiter.

TINTENFISCHRINGE IN ROTER SAUCE INDIEN

Die Tomaten waschen, kurz in kochendes Wasser legen, dann von Stielansatz, Häuten und Kernen befreien und würfeln. Den entstehenden Saft auffangen. Die Chilischoten putzen, waschen, entkernen und hacken. Knoblauch und Ingwer schälen und reiben.

Das Öl in einer Pfanne erhitzen und die Senfsamen darin zum Platzen bringen. Chili, Curryblätter, Knoblauch und Ingwer zugeben und unter Rühren 2–3 Minuten schmoren. Die gemahlenen Gewürze mit 2 El Wasser einrühren und 2 Minuten köcheln.

Die Tomatenwürfel mit dem Saft und Tomatenmark hinzufügen und weitere 2 Minuten köcheln. Mit Salz und Zucker pikant abschmecken und etwa 15 Minuten köcheln, bis die Sauce andickt. Die Tintenfischringe in die Sauce geben und 2–3 Minuten köcheln.

Mit Koriander bestreut servieren.

Für 4 Portionen
10 mittelgroße Tomaten (ca. 800 g)
4 rote Chilischoten
4 Knoblauchzehen
2 cm Ingwerwurzel
3 El Öl
1 Tl Senfsamen
10 Curryblätter
1 Tl gemahlener Kreuzkümmel
1 Tl gemahlener Koriander
½ Tl Kurkuma
2 El Tomatenmark
Salz
Zucker
450 g frische Tintenfischringe
½ Bund frisch gehackter Koriander

Zubereitungszeit: ca. 35 Minuten
(plus Schmor- und Garzeit)
Pro Portion ca. 204 kcal/577 kJ
21 g E · 9 g F · 9 g KH

KRABBENCURRY INDIEN

Die Krabben gut säubern und gründlich waschen. Die Scheren abtrennen, öffnen und halbieren.

Die Zwiebeln, den Ingwer und Knoblauch schälen und in feine Ringe bzw. Scheiben schneiden. Die Tamarinde in 200 ml warmem Wasser einweichen und nach 30 Minuten herausnehmen. Abtropfen lassen und beiseite stellen.

1 El Öl in einer Pfanne erhitzen und die Zwiebelringe, Ingwer- und Knoblauchscheiben sowie geriebene Kokosnuss darin anbräunen. Pfanne vom Herd nehmen und die Mischung abkühlen lassen. Anschließend mit etwas Wasser im Mixer zu einer Paste verarbeiten.

Das restliche Öl in einer Pfanne erhitzen und die Senfsamen darin zum Platzen bringen. Die Curryblätter hinzufügen und kurz mitschmoren. Die Würzpaste 30 Sekunden einrühren. Kurkuma, Garam masala, Chilipulver, Tamarinde hinzufügen und mit Salz abschmecken. 200 ml Wasser angießen und zum Kochen bringen. Nun die Krabben und Scherenhälften in die Sauce geben und etwa 12–15 Minuten unter Rühren darin garen. Die Sauce dabei cremig einkochen. Krabbenchili mit gehacktem Koriander bestreut servieren.

Für 4 Portionen
4 küchenfertige Krabben (z. B. Blaukrabben)
3 Zwiebeln
2 cm Ingwerwurzel
15 Knoblauchzehen
15 g Tamarinde
4 El Öl
300 g frisch geriebene Kokosnuss
1/2 Tl Senfsamen
7 Curryblätter
1/2 Tl Kurkuma
1 Tl Garam masala (s. S. 225)
1 Tl Chilipulver
Salz
3 El frisch gehackter Koriander

Zubereitungszeit: ca. 25 Minuten
(plus Schmor- und Garzeit)
Pro Portion ca. 528 kcal/1833 kJ
35 g E · 39 g F · 11 g KH

MEERESFRÜCHTECURRY
MIT GEMÜSE

MEERESFRÜCHTE IN
GRÜNER CURRYSAUCE

MEERESFRÜCHTE
IN SENFSAUCE

MEERESFRÜCHTE
IN GELBER CURRYSAUCE

MEERESFRÜCHTECURRY
MIT ZITRONENGRAS

MEERESFRÜCHTECURRY
MIT JOGHURT UND MINZE

MEERESFRÜCHTECURRY GOA, WESTINDIEN

Die Muscheln gut abbürsten und waschen, geöffnete Muscheln entfernen. Muscheln etwa 1 Stunde in kaltes Wasser legen. Tintenfisch und Fischfilet bzw. Garnelen waschen und trocken tupfen. Fischfilet in Würfel schneiden. Mit Zitronensaft beträufeln.

Knoblauch, Schalotten und Ingwer schälen und hacken, den Ingwer reiben.

Das Öl in einem Topf erhitzen und die Schalotten darin glasig schmoren. Ingwer und Knoblauch zugeben und 1 Minute mitschmoren. Die gemahlenen Gewürze in den Topf geben und unter Rühren einige Sekunden schmoren.

500 ml Wasser, Tamarindenpaste, ½ Tl Salz und Kokosmilch hinzufügen, aufkochen und bei geschlossenem Deckel und geringer Temperatur etwa 20 Minuten köcheln.

Abgetropfte Muscheln, Tintenfisch und Fisch bzw. Garnelen zugeben und 5 Minuten köcheln, bis sich die Muschelschalen öffnen (geschlossene Muscheln nun entfernen). Den Deckel abnehmen und das Curry bei ausgeschaltetem Herd 3 Minuten ruhen lassen. Die Chilischote putzen, waschen, entkernen und schräg in dünne Ringe schneiden. Das Curry mit Chili bestreut servieren.

* Die mit einem Sternchen versehenen Zutaten können ausgetauscht werden. Gewürze und Kräuter je nach Belieben.

Für 4 Portionen
300 g Venusmuscheln*
300 g küchenfertiger Tintenfisch*
300 g Fischfilet oder Garnelen*
1 El Zitronensaft
7 Knoblauchzehen*
8 Schalotten*
2 cm Ingwerwurzel*
3 El Öl
1 Tl Cayennepfeffer
1 El rotes Paprikapulver
½ Tl Kurkuma
1 El gemahlener Kreuzkümmel
1 Tl gemahlener Koriander
2 Tl Tamarindenpaste*
Salz
400 ml Kokosmilch*
1 rote Chilischote*

Zubereitungszeit: ca. 35 Minuten
(plus Zeit zum Wässern, Schmor- und Garzeit)
Pro Portion ca. 259 kcal/1082 kJ
35 g E · 11 g F · 6 g KH

CHUTNEYS, PASTEN & CO.

Bei keinem typisch indischen Essen dürfen sie fehlen: pikante Chutneys, leckere Joghurtzubereitungen, Raitas und selbst gebackene Brote.

Aber auch Reisgerichte, vermischt mit Gemüse oder Nüssen, Kartoffeln mit Kokos und frische Salate zählen, je nach Region, zu einem indischen Menü ebenso wie Pickles, pikant eingelegtes Gemüse.

CHUTNEYS, PASTEN & CO.

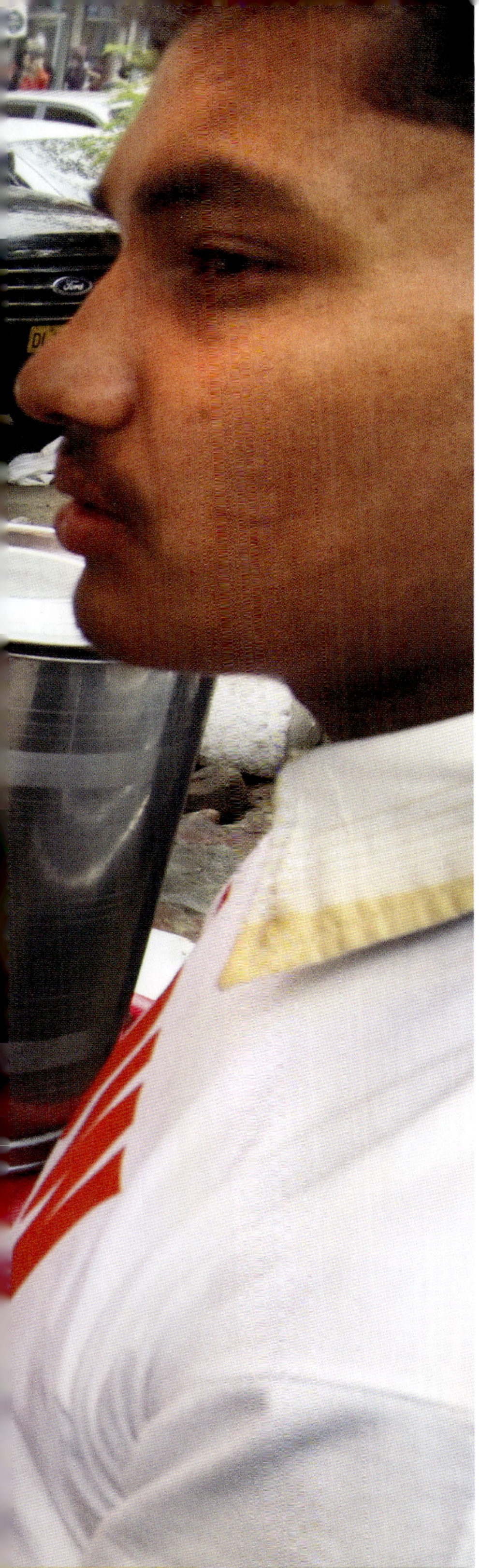

Über die Landesgrenzen hinaus sind die indischen Gewürzpasten und -mischungen bekannt, allen voran Garam masala, das in einem indischen Haushalt immer frisch zubereitet wird. Rote und grüne Currypaste erhalten ihre Farbe vor allem durch die reichlich enthaltenen grünen und roten Chilischoten.

Nach der Lehre des Ayurveda sollte die Nahrung immer in einem harmonischen Gleichgewicht der Geschmacksrichtungen aufgenommen werden, damit auch Körper und Geist im Gleichgewicht bleiben. Der Joghurt in den Raitas hat die Aufgabe, die Schärfe der Speisen auszugleichen, die süßen Früchte in den Chutneys harmonisieren den Geschmack von Gemüse, Fleisch und Fisch. Daher stehen bei jedem Essen Chutneys und Raitas in kleinen Schüsselchen bereit.

Oftmals sind geröstete Nüsse, Kokosraspel, Chutney, Raita und Pickles die Beilagen zu einem Curry- und Reis-Sonntagsessen.

Pickles und Chutneys werden auf Vorrat zubereitet und kühl aufbewahrt. Die säuerlichen Zutaten machen sie haltbar. Raitas, Salate und Chutneys aus frischen Kräutern werden dagegen täglich frisch zubereitet. Natürlich gilt auch hier: Jede Region hat ihr eigenes Rezept für Raita, Pickles & Co. Standardrezepte gibt es nicht.

In einigen Regionen werden zum Essen zusätzlich frische Gemüse wie Rettich, Möhren und Frühlingszwiebeln aufgetischt.

Außerdem fehlen bei keinem Essen die köstlichen, hauchdünn gebackenen Fladen aus Kichererbsen- oder Linsenmehl – Papadam. Es gibt sie mittlerweile in allen Größen und Geschmacksrichtungen, von ungewürzt über Knoblauch, Chili bis zu schwarzem Pfeffer und Kreuzkümmel. Neben Papadam kennt man in Nordindien Chapati und Puri, Brote aus Vollkornmehl, Butterschmalz und Salz, die in Öl ausgebacken werden.

Indische Brote gibt es in allen indischen Lebensmittelgeschäften zu kaufen. Wer sie selbst zubereiten will, findet das Rezept auf den folgenden Seiten.

RAITA
MIT ZWIEBELN UND SULTANINEN

RAITA
MIT GURKE UND MINZE

RAITA
MIT KARTOFFELN

RAITA
MIT TOMATEN UND KORIANDER

RAITA
MIT KREUZKÜMMEL UND MÖHREN

RAITA
MIT SPINAT

RAITA MIT GURKE UND TOMATEN INDIEN

Die Gurke schälen und in kleine Würfel schneiden. Gurkenwürfel mit Salz bestreuen und etwa 30 Minuten durchziehen lassen.

Die Tomate kreuzweise einschneiden, kurz in heißes Wasser tauchen. Tomate schälen, entkernen und den Stielansatz entfernen. Das Fruchtfleisch in kleine Würfel schneiden.

Die Gurken gut ausdrücken und mit Tomatenwürfeln, Joghurt und Garam masala verrühren.

Für 6 Portionen
1 Salatgurke*
1 Tl Salz
1 Tomate*
500 g Vollmilchjoghurt
1 Tl Garam masala* (s. S. 225)

Zubereitungszeit: ca. 15 Minuten
(plus Zeit zum Durchziehen)
Pro Portion ca. 58 kcal/241 kJ
3 g E · 3 g F · 4 g KH

* Die mit einem Sternchen versehenen Zutaten können ausgetauscht werden.
Gewürze und Kräuter je nach Belieben.

ROTE CURRYPASTE INDIEN

Für ca. 100 g
2 Stängel Zitronengras (weiße Teile)
6 Scheiben Galgant
4 kleine Schalotten
4 Knoblauchzehen
6 Korianderwurzeln
$1/2$ El Pflanzenöl
$1/2$ Tl Koriandersamen
$1/2$ Tl Kreuzkümmelsamen
$1/2$ Tl weiße Pfefferkörner
8 große rote Chilischoten
$2\,1/2$ El frisch gehackter Ingwer
1 El Paprikapulver

Zubereitungszeit: ca. 30 Minuten (plus Schmorzeit)
Pro 10 ml (1El) ca. 25 kcal/105 kJ
1 g E · 1 g F · 3 g KH

Das Zitronengras putzen und quer in dünne Scheiben schneiden. Den Galgant schälen und ebenfalls in dünne Scheiben schneiden. Die Schalotten und Knoblauchzehen schälen und hacken. Die Korianderwurzeln waschen, trocknen und hacken.

Das Öl in einer Pfanne erhitzen und die Koriander- und Kreuzkümmelsamen sowie Pfefferkörner darin rösten, bis sie duften. Aus der Pfanne nehmen und etwas abkühlen lassen. Chilis aufschneiden und die Samen entfernen. Alle Zutaten mit Ingwer und Paprikapulver in einen Mixer geben und zu einer glatten Paste verarbeiten.

GALGANT ist ähnlich wie Ingwer die Wurzel eines Rhizoms. Das erdige Aroma gehört in bestimmte Currymischungen. Galgant bekommt man in Indien frisch, bei uns eher getrocknet in Scheiben oder eventuell tiefgekühlt. Zur Verwendung muss der getrocknete Galgant eingeweicht werden.

CHILIS sind eine überaus wichtige Zutat in einem Curry, daher werden stets die Chilis verwendet, die in der jeweiligen Region wachsen, was erheblichen Einfluss auf den Geschmack des jeweiligen Currys hat. Sehr beliebt ist mittlerweile die Kaschmir-Chili, die ihren Namen auch oft zu Unrecht erhält, da auch andere Chilis als Kaschmir-Chili bezeichnet werden. Indien ist weltweit der größte Chiliproduzent, wobei die meisten im Land bleiben.

GRÜNE CURRYPASTE THAILAND

Die Chilischoten putzen, waschen, trocken tupfen, die Kerne und weißen Innenhäute entfernen und das Fruchtfleisch hacken. Die Knoblauchzehen sowie die Schalotten schälen und hacken.

Vom Zitronengras das untere dicke Ende abschneiden, den Stängel in dünne Scheiben schneiden. Den Ingwer schälen und hacken. Die Limettenschale in Streifen schneiden. Die Korianderwurzeln feucht abreiben und hacken.

Alle Zutaten in der angegebenen Reihenfolge in den Mixer geben, 5 El Wasser hinzufügen und alles zu einer glatten Paste verarbeiten.

Für ca. 10 Esslöffel

- 14 scharfe grüne Chilischoten
- 5 Knoblauchzehen
- 5 Schalotten
- 1 Stängel Zitronengras
- 2 cm Ingwerwurzel
- 1/2 Kaffir-Limettenschale
- 6 Korianderwurzeln
- 1/4 Tl Garnelenpaste
- 1/2 Tl gemahlener Kreuzkümmel
- 1/2 Tl gemahlener Koriander
- 1/2 Tl frisch geriebene Muskatnuss
- weißer Pfeffer
- 2 1/2 El geröstete Erdnüsse (optional)

Zubereitungszeit: ca. 20 Minuten
(plus Schmorzeit)
Pro 10 ml (1 El) ca. 21 kcal/90 kJ
1 g E · 0 g F · 4 g KH

TIPP:

Garnelenpaste wird aus fermentierten Garnelen hergestellt. Die sehr intensiv riechende Paste ist in ganz Asien eine beliebte Würzzutat. Sie ist in Dosen oder getrocknet erhältlich. Als Alternative können getrocknete Anchovis verwendet werden.

GARAM MASALA INDIEN, PAKISTAN

Die Gewürzmischung GARAM MASALA dient sowohl dem Geschmack wie dem Aroma von Speisen. Die wörtliche Übersetzung in der Hindusprache bedeutet heiß bzw. erhitzen für *garam*, und *masala* sind die Gewürze. Also sind garam masala all jene Gewürze, die im Körper nach der ayurvedischen Lehre Hitze auslösen – vor allem Zimt, schwarzer Kardamom und schwarzer Pfeffer. Mittlerweile werden auch kühlende Anteile wie Fenchel, grüner Kardamom und Lorbeer für ein Garam masala verwendet. Wobei jedes Rezept anders ist, in einigen findet man sogar Rosenblütenblätter. Wichtig bei der Zubereitung ist auf jeden Fall, die Gewürze vor der unmittelbaren Verwendung frisch zu mahlen.

Es hält sich fest verschlossen bis zu 6 Monate im Kühlschrank.

Für ca. 75 g

25 g Koriandersamen
25 g Kreuzkümmelsamen
10 grüne Kardamomkapseln
3 Zimtstangen
2 Muskatblüten
1 El schwarze Kardamomsamen
1/2 Muskatnuss
1/2 El schwarze Pfefferkörner
1 Lorbeerblatt
1 El Fenchelsamen

Zubereitungszeit: ca. 10 Minuten
Pro Portion ca. 46 kcal/189 kJ
2 g E · 1 g F · 6 g KH

Eine Pfanne ohne Fett erhitzen und nacheinander die Gewürze hineingeben. Unter Rühren und Schütteln erhitzen, bis die Samen und Kapseln platzen und die Gewürze zu duften beginnen. Aus der Pfanne nehmen und abkühlen lassen.

Die Gewürze anschließend in einer Mühle mahlen oder mit dem Mörser zerstoßen.

ROHES TOMATEN-CHUTNEY

INDIEN

Für 4–6 Portionen
6 Tomaten
1 Gurke
1 grüne Chilischote
2 Limetten
2 Tl Salz
1 Tl brauner Rohrzucker
300 g Möhren

Zubereitungszeit: ca. 30 Minuten
Pro Portion ca. 36 kcal/154 kJ
2 g E · 0 g F · 6 g KH

Die Tomaten waschen, abtrocknen und den Stielansatz entfernen. Die Gurke schälen, längs halbieren und die Kerne mit einem Löffel herausholen. Die Chilischote putzen, waschen, halbieren und Kerne sowie weiße Innenhäute entfernen. Tomaten und Chili hacken. Die Limetten auspressen.

Die Tomaten mit Chilis, Limettensaft, Salz und Zucker im Mixer pürieren. Die Möhren schälen und reiben, die Gurken raspeln. Beides unter das Tomatenpüree mischen. Vor dem Servieren kühl stellen.

TIPP:

Das Chutney aus rohen Tomaten sollte stets kühl gehalten und serviert werden. Es schmeckt zu gebratenem und gegrilltem Fleisch, Geflügel und Fisch und Eiercurrys. Nach Geschmack kann es schärfer werden, wenn Sie statt einer Chilischote zwei oder drei zugeben.

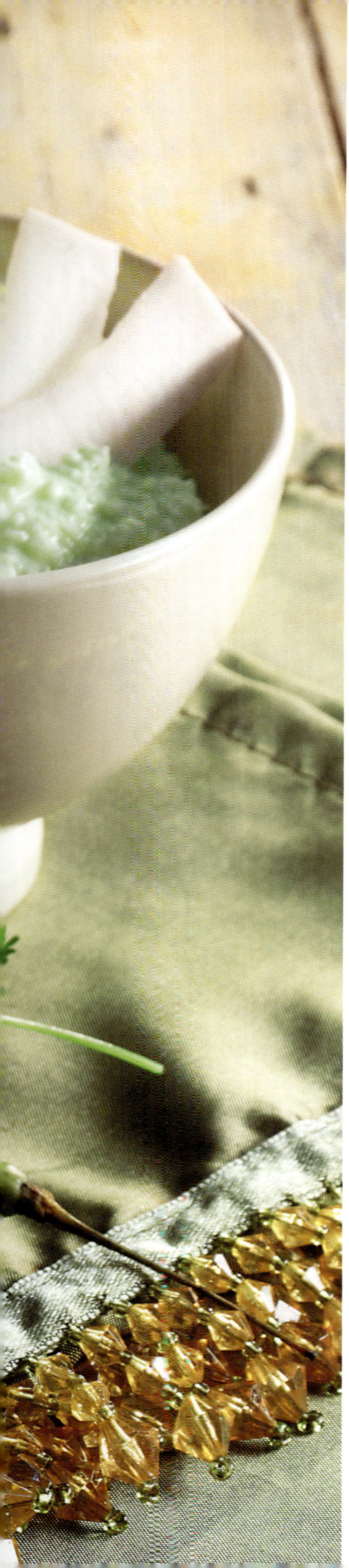

KOKOSCHUTNEY INDIEN

Die frische Kokosnuss fein reiben. Die Knoblauchzehen schälen und fein hacken. Den Koriander waschen, trocken schütteln und hacken. Die Chilischoten putzen, Kerne und weiße Innenhäute entfernen.

Alle Zutaten außer dem Joghurt im Mixer zu einer Paste verarbeiten. Zuletzt den Joghurt unter die Paste rühren.

Das Kokoschutney als Snack servieren.

Für 4 Portionen
1/2 frische Kokosnuss
4 Knoblauchzehen
1/2 Bund frischer Koriander
3 grüne Chilischoten
1/2 El Zitronensaft
2 Tl Zucker
Salz nach Geschmack
3 El Joghurt

Zubereitungszeit: ca. 20 Minuten
Pro Portion ca. 261 kcal/1091 kJ
3 g E · 23 g F · 9 g KH

TIPP:

Wenn Sie eine ganze frische Kokosnuss verwenden, wird diese so geöffnet: Mit einem spitzen Gegenstand oben an den dunkleren Punkten der Nuss einstechen und das Kokoswasser auslaufen lassen. Nun die Nuss in einen Beutel geben oder in ein Tuch wickeln. Die Kokosnuss mit einem Hammer zerkleinern. Die harte Schale vom Fruchtfleisch lösen. Übriges Fruchtfleisch in Wasser aufbewahren, es trocknet sonst schnell aus.

REIS MIT
ZIMT, SAFRAN UND KORIANDER

REIS MIT
LINSEN UND ZWIEBELN

REIS MIT
KICHERERBSEN UND BOHNEN

REIS MIT
TAMARINDENWASSER UND CHILI

REIS MIT
VERSCHIEDENEN GEMÜSEN

REIS MIT
KOKOS UND CURRYBLÄTTERN

REIS MIT ERBSEN UND ZWIEBELN INDIEN

Die Zwiebeln putzen, waschen, die weißen Teile in dünne Ringe schneiden. Erbsen auftauen lassen. Ghee in einer hohen Pfanne erhitzen und die Gewürze darin kurz durchschwenken. Die Zwiebelringe hinzufügen und etwas anschmoren. Die Erbsen einrühren und in 3 Minuten garen.

800 ml Wasser angießen und erwärmen. Den Reis waschen und abtropfen lassen.

In die Pfanne geben, salzen und in etwa 15 Minuten bei geringer Temperatur und geschlossenem Deckel garen. Ab und zu umrühren. Wenn das Wasser aufgesogen ist, Minze und Erdnüsse unter den Reis heben und weitere 5–10 Minuten garen, bis der Reis schön körnig ist.

* Die mit einem Sternchen versehenen Zutaten können ausgetauscht werden.
Gewürze und Kräuter je nach Belieben.

Für 4 Portionen

½ Bund Frühlingszwiebeln (nur das Weiße)
100 g TK-Erbsen*
75 g Ghee*
1 Tl Kreuzkümmelsamen*
½ Tl Gewürznelken*
1 Zimtblatt*
4 grüne Kardamomkapseln*
1 Zimtstange*
1 El Salz*
400 g Basmatireis
2 El frisch gehackte Minze zum Bestreuen*
2 El gehackte geröstete Erdnüsse*

Zubereitungszeit: ca. 15 Minuten
(plus Schmor- und Garzeit)
Pro Portion ca. 395 kcal/1428 kJ
6 g E · 23 g F · 28 g KH

ZWIEBELSALAT INDIEN

Für 4 Portionen
2 große Zwiebeln
1 Tl Salz
2 El Limettensaft
2 Tl gehackter Koriander*

Zubereitungszeit: ca. 10 Minuten
(plus Einweichzeit)
Pro Portion ca. 17 kcal/70 kJ
1 g E · 0 g F · 3 g KH

Die Zwiebeln schälen und in sehr feine Ringe schneiden. Die Zwiebelringe in eiskaltem Wasser etwa 3 Stunden abgedeckt einweichen. Anschließend abgießen und trocken tupfen.

Die Zwiebelringe mit den übrigen Zutaten zu einem Salat mischen.

ZWIEBELN haben in der indischen Küche einen großen Stellenwert. Je nachdem, ob sie fein gehackt, in Ringe geschnitten oder püriert werden, werden sie zum geschmacklichen Verfeinern oder zum Sämigmachen einer Sauce verwendet. Die fein gehackten Zwiebeln werden lange in Fett angeschwitzt, bis sie weich sind und sich später mühelos mit der Sauce verbinden. Stellenweise werden sie auch ohne Fett im eigenen Saft weich gedünstet und püriert. Diese Zwiebelpaste wird vor allem in Restaurants zum Andicken von Saucen verwendet. Auch die Farbe der geschmorten Zwiebeln bestimmt das Curry: je dunkler die Zwiebeln, desto dunkler auch das Curry. Auch knusprig ausgebackene Zwiebeln werden püriert und der Sauce beigegeben, was sie süßlich werden lässt. Rohen Zwiebeln verleihen Gerichten Schärfe.

AUBERGINENMUS INDIEN

Die Aubergine waschen, trocken tupfen, mehrmals mit einer Gabel einstechen und auf ein mit Backpapier ausgelegtes Backblech legen. Die Aubergine etwa 15 Minuten unter den heißen Backofengrill schieben. Wenden, wenn die Haut an einer Stelle verbrannt ist, bis die Auberginenhaut vollständig verbrannt ist.

Die Aubergine aus dem Ofen nehmen, kurz abkühlen lassen, dann die Haut abziehen und das Fruchtfleisch in einer Schüssel mit der Gabel zerdrücken.

Die Schalotten schälen und fein hacken. Die Tomate mit kochendem Wasser übergießen, von Stielansatz, Haut und Kernen befreien und das Fruchtfleisch würfeln. Die Chilischoten putzen, entkernen und fein hacken. Das Auberginenmus mit den Schalotten, Tomaten, Kräutern, Limettensaft und Salz verrühren.

Das Öl in einem Topf erhitzen. Senfsamen und getrocknete Chili hineingeben und rühren, bis die Senfsamen platzen. Das Auberginenmus mit dem Öl übergießen.

Für 4 Portionen

- 1 Aubergine
- 2 Schalotten
- 1 Tomate
- 3 grüne Chilischoten (Vogelaugenchili)
- 3 El frisch gehackter Koriander
- 2 El frisch gehackte Minze
- 1 El Limettensaft
- Salz
- 3 El Pflanzenöl
- 1/2 Tl Senfsamen
- 2 getrocknete rote Chilischoten

Zubereitungszeit: ca. 20 Minuten
(plus Grill- und Schmorzeit)
Pro Portion ca. 95 kcal/397 kJ
2 g E · 8 g F · 4 g KH

TIPP:

Auberginenmus wird in Indien zu fast jedem Essen gereicht, meist auch zusammen mit Reis.

PICKLES NACH INDISCHER ART SÜDAFRIKA

Die Möhren schälen und in dünne Streifen schneiden. Die Stiele der Blumenkohlröschen in Scheiben schneiden, die Röschen in kleinere Röschen teilen. Die Zucchini putzen und in dünne Stifte schneiden. Das Gemüse in eine Schüssel geben, mit 1 El Salz bestreuen, dieses gut unterarbeiten, dann die Schüssel mit einem Teller abdecken und das Gemüse 24 Stunden durchziehen lassen.

Die Zwiebeln schälen und in Ringe schneiden. Die Knoblauchzehen und den Ingwer schälen und fein reiben. Die Chilischoten putzen, entkernen und in dünne Ringe schneiden.

Das Öl in einer Pfanne erhitzen und Zwiebeln darin glasig schmoren. Knoblauch, Ingwer und Chili hinzufügen und 1 Minute andünsten. Die Pfanne vom Herd nehmen, die Gewürze und Samen unterrühren.

Das eingelegte Gemüse durch ein Sieb gießen. Dann in einen Behälter von 1 Liter Fassungsvermögen oder 4 zu 250 ml schichten. Den Essig darübergießen und 4 Tl Salz zugeben. Den Pfanneninhalt über die Pickles gießen und mit einem Twist-off-Deckel verschließen. Kühl aufbewahren.

Für 4 Gläser á 250 g
2 Möhren
250 g Blumenkohlröschen
1 kleine Zucchini
Salz
2 rote Zwiebeln
3 Knoblauchzehen
3 cm Ingwerwurzel
10 grüne Chilischoten
3 El Pflanzenöl
1/4 Tl Kurkuma
1 Tl Cayennepfeffer
2 Tl Senfsamen
300 ml Apfelessig

Zubereitungszeit: ca. 30 Minuten
(plus Zeit zum Durchziehen und Schmoren)
Pro Portion ca. 135 kcal/564 kJ
4 g E · 8 g F · 9 g KH

ZUCCHINI gehören zu den Kürbisgewächsen und sind daher mit Kürbis, Gurke und Melone verwandt. Die kleinen Früchte schmecken am besten, große werden faserig.

MÖHREN schmecken am besten als Bundmöhren, wenn sie jung und frisch sind. Für Pickles kann man allerdings auch die dickeren Gemüsemöhren verwenden.

PAPADAM AUS KICHERERBSEN INDIEN

Das Mehl mit den Gewürzen in einer Schüssel vermischen. Die Knoblauchzehe schälen und dazupressen. Das Wasser dazugeben und alles zu einem festen Teig verarbeiten. Eventuell weiteres Wasser zugeben. Den Teig einige Minuten gut durchkneten.

Teig in zwei Teile teilen und jedes Teil zu einer 5 mm dicken Rolle formen. Jede Rolle in 6 Teile teilen und jedes Teil zwischen den Händen zu einem Bällchen formen. Die Bällchen auf die bemehlte Arbeitsfläche geben und mit Öl beträufeln. Dann zu einem Fladen von etwa 15 cm Durchmesser ausrollen.

Eine gusseiserne Pfanne erhitzen. Das Öl darin heiß werden lassen. Die Fladen im heißen Öl von jeder Seite knusprig backen, bis sich die Ränder zu kräuseln beginnen. Auf Küchenpapier abtropfen lassen.

Für ca. 12 Stück
300 g Kichererbsenmehl
1 Tl Salz
1 Tl gemahlener Kreuzkümmel
½ Tl Cayennepfeffer
1 Knoblauchzehe
175 ml Wasser
Öl
Mehl für die Arbeitsfläche
250 ml Frittieröl

Zubereitungszeit: ca. 20 Minuten
(plus Zeit zum Ausbacken)
Pro Stück ca. 122 kcal/511 kJ
4 g E · 7 g F · 12 g KH

TIPP

Um Kichererbsenmehl selbst herzustellen, Kichererbsen in der Pfanne rösten, bis sie duften, abkühlen lassen und in der Getreidemühle fein mahlen.

ZITRONENREIS INDIEN

Den Reis waschen und 30 Minuten einweichen. Anschließend abtropfen lassen und in leicht gesalzenem Wasser etwa 15 Minuten bissfest garen. Abtropfen lassen und beiseite stellen.

Ghee in einem Topf erhitzen und Asant sowie die zerbröselten roten Chilischoten hineingeben, die Kichererbsen, Mungobohnen und Fenchelsamen hinzufügen und unter Rühren schmoren, bis die Kichererbsen zu bräunen beginnen.

Die Erdnüsse und Senfsamen zugeben und unter Rühren die Senfsamen zum Springen und Platzen bringen. Die Curryblätter in die Pfanne geben und Kurkuma unterrühren. Die Mischung 1 Minute schmoren, dann den Reis und Zitronensaft zur Würzmischung geben. 5 Minuten köcheln und mit geriebener Kokosnuss bestreut servieren.

Für 4 Portionen
300 g Reis
Salz
2 El Ghee
1 Prise Asant
2 getrocknete rote Chilischoten
1 El halbierte Kichererbsen
1 El halbierte schwarze Mungobohnen ohne Hülsen
1/2 Tl Fenchelsamen
75 g Erdnüsse
1/2 Tl Senfsamen
10 Curryblätter
1/2 Tl Kurkumapulver
3 El Zitronensaft
1 El frisch geriebene Kokosnuss

Zubereitungszeit: ca. 20 Minuten (plus Koch- und Schmorzeit)
Pro Portion ca. 325 kcal/1188 kJ
9 g E · 17 g F · 24 g KH

TIPP:

Asant oder Teufelsdreck ist der getrocknete milchige Saft der gleichnamigen Pflanze. Er wird in Blöcken oder gemahlen angeboten.

KARTOFFELN MIT ERBSEN

KARTOFFELN MIT TAMARINDE UND ROSINEN

KARTOFFELN MIT PILZEN

KARTOFFELN MIT SESAM

KARTOFFELN MIT TOMATENCHUTNEY

KARTOFFELN MIT JOGHURT

KARTOFFELN MIT KOKOS INDIEN

Für 4 Portionen
450 g Kartoffeln
Salz
1 grüne Paprikaschote*
2 grüne Chilischoten*
3 El Öl
½ Tl Senfsamen*
1 Prise Asant*
7 Curryblätter*
3 El Kokosraspel*
1 El frisch gehackter Koriander*

Zubereitungszeit: ca. 20 Minuten
(plus Koch- und Schmorzeit)
Pro Portion ca. 225 kcal/940 kJ
4 g E · 15 g F · 19 g KH

Die Kartoffeln in der Schale in leicht gesalzenem Wasser garen, dann abgießen, leicht abkühlen lassen, pellen und in Würfel schneiden. Die Paprikaschote putzen, entkernen und würfeln. Die Chilis putzen, entkernen und fein hacken.

Das Öl in einer Pfanne erhitzen und die Senfsamen darin zum Platzen und Springen bringen. Asant und Curryblätter zugeben und 10 Sekunden schmoren.

Die Kartoffel- und Paprikawürfel zugeben und 5 Minuten schmoren. Kokosraspel und ½ Tl Salz einrühren und die Mischung weitere 5 Minuten schmoren. Die Curryblätter entfernen und mit Chili und Koriander bestreut servieren.

* Die mit einem Sternchen versehenen Zutaten können ausgetauscht werden. Gewürze und Kräuter je nach Belieben.

APFELCHUTNEY PAKISTAN

Für 4 Portionen
4 Zwiebeln
2 Äpfel
3 Knoblauchzehen
2 cm Ingwer
1 Zitrone
1 grüne Chilischote
1 Tl Salz
2 Tl Zucker
2 Tl Minzsauce (FP)

Zubereitungszeit: ca. 15 Minuten (plus Kochzeit)
Pro Portion ca. 46 kcal/192 kJ
1 g E · 1 g F · 9 g KH

Die Zwiebeln schälen und grob würfeln. Die Äpfel waschen, entkernen und grob würfeln. Knoblauch und Ingwer schälen und klein schneiden. Die Zitrone auspressen. Zwiebeln, Äpfel, Knoblauch und Ingwer mit Zitronensaft in der Küchenmaschine hacken. Die Chilischote putzen, entkernen und fein würfeln. Unter die Mischung rühren. Das Chutney mit Salz, Zucker und Minzsauce abschmecken. Gekühlt servieren.

In Indien werden ÄPFEL im Norden des Landes angebaut, an der Grenze zu Pakistan. Im Welthandel liegt Indien an sechster Stelle der Apfelproduktion.

Äpfel als Zutat für ein Chutney sind eine typische Erfindung der englischen Küche. In Indien werden die Äpfel durch unreife Mangos ersetzt, die ebenfalls säuerlich schmecken. An der Grenze zu Pakistan findet man dieses Chutney häufiger.

Eine MINZSAUCE bereiten Sie selbst so zu: 1/2 Bund geputzte und gehackte Frühlingszwiebeln, 2 entkernte und gehackte grüne Chilischoten, 1 geschälte und gehackte Knoblauchzehe, 1 Tl Salz und 1 Tl Garam masala im Mixer pürieren. 75 ml Zitronensaft und 2 Tl Wasser unterrühren. Nicht verwendete Sauce können Sie etwa 10 Tage im Kühlschrank aufbewahren.

ERDNUSSCHUTNEY INDIEN

Die Zwiebeln und Knoblauchzehen schälen. Die Chilischoten von den Stielen befreien.

Das Öl in einer Pfanne erhitzen und Zwiebeln sowie Knoblauch darin unter Rühren etwa 4 Minuten anbräunen.

Die Erdnüsse und restlichen Zutaten zugeben und unter Rühren 1 Minute schmoren. Vom Herd nehmen und abkühlen lassen.

Die Mischung im Mixer mit etwas Wasser fein hacken. Gekühlt servieren.

Für 4 Portionen

- 4 Zwiebeln
- 8 Knoblauchzehen
- 4 getrocknete rote Chilischoten
- 3 El Erdnussöl
- 250 g geröstete, ungesalzene Erdnüsse
- 1 Bällchen Tamarindenmark (3 cm Durchmesser)
- 1/4 Tl Asant
- Salz

Zubereitungszeit: ca. 15 Minuten
(Plus Schmor- und Abkühlzeit)
Pro Portion ca. 383 kcal/1601 kJ
14 g E · 32 g F · 9 g KH

TIPP:

Die Erdnüsse können durch Cashewkerne ersetzt werden oder nach europäischem Geschmack durch Hasel- bzw. Walnüsse. Um das Chutney flüssiger zu machen, mischen Sie Kokosmilch oder Joghurt darunter.

CHAPATI UND PURI NORDINDIEN

Das Mehl auf eine Arbeitsfläche häufen und in die Mitte eine Mulde drücken. Das Butterschmalz mit etwas heißem Wasser auflösen, salzen und die Mischung in die Mehlkuhle füllen. Alles zu einem geschmeidigen Teig verarbeiten. Den Teig gut durchkneten und zu einer Kugel formen. 1 Stunde ruhen lassen.

Aus dem Teig kleinere Kugeln von etwa 3 cm Durchmesser formen und auf einer bemehlten Arbeitsfläche zu etwa 10 cm großen Teigfladen ausrollen.

Für Chapati eine gusseiserne Pfanne einölen und erhitzen. Die Fladen darin von beiden Seiten backen, bis sie aufgehen und goldbraune Flecken bekommen. Die Pfanne dabei immer bewegen.

Puri werden ebenso hergestellt. Die Fladen werden jedoch in 180 °C heißem Butterschmalz ausgebacken. Auf Küchenpapier abtropfen lassen.

Für 4–6 Portionen
500 g Vollkornmehl
70 g Butterschmalz
1 El Salz
Mehl für die Arbeitsfläche
Öl bzw. Butterschmalz zum Backen

Zubereitungszeit: ca. 30 Minuten
(plus Ruhezeit und Zeit zum Ausbacken)
Pro Portion ca. 356 kcal/1489 kJ
10 g E · 13 g F · 50 g KH

Für VOLLKORNMEHL wird das ganze Korn (Weizen, Roggen oder Dinkel), außer Grannen und Spelzen, geschrotet oder gemahlen. Der Auszugsgrad hierfür lautet 1035 nach DIN-Norm. So enthält das Mehl noch sämtliche Ballast- und Nährstoffe des vollen Korns. Vor allem hochwertige Öle sind im vollen Korn enthalten.

HIMALAYA-SALZ stammt nicht, wie der Name vermuten lässt, aus dem Himalaya, sondern aus dem Salzgebirge der pakistanischen Provinz Punjab. Das grobkörnige Salz hat eine Rosafärbung, die von Verunreinigungen durch Eisenoxid stammen. Es wird fein oder grob gemahlen oder in Blöcken angeboten.

MINZE-NUSS-CHUTNEY

Für 4 Portionen
15 g Minzeblättchen
30 g Walnusskerne
1 Knoblauchzehe
2 grüne Chilischoten
½ El Limettensaft
Salz
2 El Joghurt

Zubereitungszeit: ca. 20 Minuten
Pro Portion ca. 60 kcal/249 kJ
2 g E · 5 g F · 2 g KH

Die Minzeblättchen waschen, trocken schleudern und hacken. Die Walnüsse schälen. Den Knoblauch schälen und hacken. Die Chilis putzen, entkernen und in dünne Ringe schneiden.

Minze, Walnüsse, Knoblauch, Chilis, Limettensaft und 2–3 El Wasser im Mixer zu einer Paste verarbeiten. Mit Salz abschmecken

Den Joghurt in einer Schale glatt rühren und mit der Paste vermischen. Zu Papadam reichen.

EINGELEGTE CHILIS

SÜDOSTASIEN

Die Chilischoten putzen, nach Belieben Kerne und weiße Innenhäute entfernen und die Schoten in dünne Ringe schneiden. Den Ingwer schälen und fein reiben. Chili, Ingwer und Salz in eine Schüssel geben.

Den Limettensaft in einem Topf erhitzen und über die Chilis gießen. Vor dem Servieren 1 Tag durchziehen lassen. Kühl aufbewahren.

Für 4–6 Portionen
2 grüne Chilischoten
1 rote Chilischote
3 cm Ingwerwurzel
$^{3}/_{4}$ Tl Salz
3 El Limettensaft

Zubereitungszeit: 20 Minuten
(plus Zeit zum Durchziehen)
Pro Portion ca. 7 kcal/28 kJ
0 g E · 0 g F · 1 g KH

TIPP

In Kernen und Innenhäuten der Chilis ist die Schärfe enthalten. Mögen Sie es sehr scharf, entfernen Sie beides nicht.

REZEPTVERZEICHNIS